A SINFONIA DA VIDA
DIÁLOGOS QUE UMA PANDEMIA ESCREVEU

Editora Appris Ltda.
1.ª Edição - Copyright© 2021 dos autores
Direitos de Edição Reservados à Editora Appris Ltda.

Nenhuma parte desta obra poderá ser utilizada indevidamente, sem estar de acordo com a Lei nº 9.610/98. Se incorreções forem encontradas, serão de exclusiva responsabilidade de seus organizadores. Foi realizado o Depósito Legal na Fundação Biblioteca Nacional, de acordo com as Leis nºs 10.994, de 14/12/2004, e 12.192, de 14/01/2010.

Catalogação na Fonte
Elaborado por: Josefina A. S. Guedes
Bibliotecária CRB 9/870

C355s
2021
	Castro, Gillianno Mazzetto de
	    A sinfonia da vida: diálogos que uma pandemia escreveu /
	Gillianno Mazzetto de Castro, Márcio Luís Costa. - 1. ed. - Curitiba :
	Appris, 2021.
	    105 p.; 21 cm.
	
	    Inclui bibliografia.
	    ISBN 978-65-250-1730-3
	
	    1. Pandemia. 2. Filosofia. 3. Ontologia. I. Costa, Márcio Luís.
	II. Título. III. Série.
	
	                                                            CDD – 869.3

Appris
editora

Editora e Livraria Appris Ltda.
Av. Manoel Ribas, 2265 – Mercês
Curitiba/PR – CEP: 80810-002
Tel. (41) 3156 - 4731
www.editoraappris.com.br

Printed in Brazil
Impresso no Brasil

Gillianno Mazzetto de Castro
Márcio Luís Costa

A SINFONIA DA VIDA

DIÁLOGOS QUE UMA PANDEMIA ESCREVEU

FICHA TÉCNICA

EDITORIAL
Augusto V. de A. Coelho
Marli Caetano
Sara C. de Andrade Coelho

COMITÊ EDITORIAL
Andréa Barbosa Gouveia (UFPR)
Jacques de Lima Ferreira (UP)
Marilda Aparecida Behrens (PUCPR)
Ana El Achkar (UNIVERSO/RJ)
Conrado Moreira Mendes (PUC-MG)
Eliete Correia dos Santos (UEPB)
Fabiano Santos (UERJ/IESP)
Francinete Fernandes de Sousa (UEPB)
Francisco Carlos Duarte (PUCPR)
Francisco de Assis (Fiam-Faam, SP, Brasil)
Juliana Reichert Assunção Tonelli (UEL)
Maria Aparecida Barbosa (USP)
Maria Helena Zamora (PUC-Rio)
Maria Margarida de Andrade (Umack)
Roque Ismael da Costa Güllich (UFFS)
Toni Reis (UFPR)
Valdomiro de Oliveira (UFPR)
Valério Brusamolin (IFPR)

ASSESSORIA EDITORIAL
Lucas Casarini

REVISÃO
Isabela do Vale Poncio

PRODUÇÃO EDITORIAL
Rebeca Nicodemo

DIAGRAMAÇÃO
Danielle Paulino

CAPA
Sarah Furtado

COMUNICAÇÃO
Carlos Eduardo Pereira
Débora Nazário
Karla Pipolo Olegário

LIVRARIAS E EVENTOS
Estevão Misael

GERÊNCIA DE FINANÇAS
Selma Maria Fernandes do Valle

*Aos ceifados
pelo vírus da biologia;
da indiferença;
da irresponsabilidade.*

LEMBRETE

Se procurar bem,
você acaba encontrando
não a explicação (duvidosa) da vida,
mas a poesia (inexplicável) da vida.

(Carlos Drummond de Andrade)

APRESENTAÇÃO

A tarefa de apresentar um livro cuja melodia é estruturalmente construída em diálogos pode, à primeira vista, parecer estranho. Essa tarefa torna-se um tanto mais complexa quando esses diálogos são expressos em cartas. Cartas que traduzem e que buscam compreender o *espírito do nosso tempo (Zeitgeist)* sem perder o que há de melhor em nós e nele, a saber, a esperança. É um livro de diálogos, como bem dizem os autores, feito sob a forma de um *impromptu*. O encontro, físico ou não, é condição *sine qua non* à efetividade ética. Responsabilidade absoluta pelo outro. É um livro de diálogos, mas que, em nenhum *instante*, encerra o terceiro. Para dizer desde uma boa tradição dialética da qual somos em grande medida herdeiros, o *dizer* de Márcio e Gilllianno descoagula, ou melhor, *suprassume* sem anular, a imagem ética do terceiro. O terceiro é o fruidor. Não se trata mais de uma defesa de posições analisadas a partir de categorias referidas exclusivamente à existência, mas a partir de uma dimensão que para, Márcio, Gillianno e para nós, é radicalmente cara, leia-se, *o encontro é aquele que se constrói como acolhimento e hospitalidade.*

O *encontro* torna os autores anfitriões, conscientes da responsabilidade de permanecer com os Outros, de reconhecerem na condição humana a necessidade urgente da alteridade. O encontro refere-se à deliberação sobre si, mas é um retorno renovado que não nega a próxima saída. Os *diálogos* que compõem *A sinfonia da Vida* exigem um sujeito que não se acovarde na presença do Outro, mas opte por abrir a sua morada (*ethos*) e arriscar o encontro, que é um trabalho que visa à singularidade daquele que está próximo e que, aos poucos, aproxima-se e torna-se presente. O encontro não constitui outra expressão da *egologia*, mas nele o sujeito transcende a individualidade e oferece sua presença para a relação com o outro que lhe pede o diálogo. O olhar do rosto, que o torna singular, é particularmente responsável pelo resultado de pôr em movimento a alteridade. Quem acolhe põe-se em causa ao se doar na hospitalidade, desnuda-se, mostra-se na obstinação pela relação humana sincera e honesta que implica abrir-se ao outro que chega para ser tratado com a doçura e exigência da alteridade. *A sinfonia da Vida* é mais que um convite ao encontro, é um chamado a (ar) riscarmos nossa própria partitura. Não se assustem se porventura o infinito que há em cada um e cada uma de vós explodir. Verão: restava-lhes apenas um *impulso*. Este livro é um impulso, uma pulsão à existência.

Prof. Dr. Fábio Caires Correia

PREFÁCIO

Es sabido que el contexto brutal de la pandemia de Covid19, desde que empezó a expandirse en 2020, está sacando a la luz lo mejor y lo peor entre los seres humanos. Es menos sabido que las pandemias tienen el don de escribir con los oídos. Sin embargo, no debería sorprendernos tanto, porque lo primero que invoca una enfermedad, y más aún cuando tiene pretensiones de ubicuidad, es la *atención* (aquella *plegaria natural del alma* que señaló Malebranche) y en el acto de atender los oídos tienen un papel protagónico.

El contrapunto de dos voces filosóficas (de Márcio Luís Costa y Gillianno Mazzetto de Castro) compone un preludio que invita a sumar voces (las de los lectores, que en estas páginas se presentan como "convivas") a *la sinfonía de la vida*. Al leerlo, entendí que, como lectora, estaba invitada a compartir un primer ensayo para un banquete sinfónico que se encuentra abierto a acoger un sinfín de sabores y saberes. Lejos de los volúmenes que, con mayor o menor lucidez, se apresuraron a sentenciar desde la filosofía nuestro amasijo de miedos e impaciencias, este libro se escribe en un *tempo* caracterizado por la paciencia.

Este primer ensayo de la sinfonía por venir (que responde al llamado poético de Carlos Drummond de Andrade y, desde la preocupación ética, está dedicada a aquellos cuyas vidas fueron segadas por tres virus: el de la *biología*, el de la *indiferencia* y el de la *irresponsabilidad*) está compuesta por ocho diálogos (o, quizás, duetos) que vienen desde muy lejos en la filosofía occidental y en el primero se esboza un recorrido que va de la esencia a la inter-habitación.

En estas páginas polifónicas la literatura y le filosofía se entonan mutuamente. El primer diálogo -heteronomía obliga- inicia con la voz de Márcio sobre la alteridad como condición de la existencia, mostrando la necesidad ontológica del otro. Luego, Gillianno provoca una reflexión que atañe a nuestro propio obscurantismo: en la idea irreflexiva, que prevalece en el occidente americano, acerca del tan mentado obscurantismo medieval, hace brillar la figura de *pericóresis* cuya inter-habitación de los diferentes se figura como danza en círculo.

En segundo diálogo, que versa sobre las cosas mismas del ser, Márcio plantea el camino a seguir: un método dialéctico ascendente y descendente. Así, desde abajo, la voz del cuerpo se hace oír a través del sentido latino de *experiencia* (*ex-perior*: travesía del peligro), que significa atravesar y ser atravesado por los poros: "Todo ser e fazer é uma porosa travessia de atravessamentos". En contrapunto, en un viraje ético a la que Heidegger caracterizó como la posibilidad por excelencia (la de la propia muerte), Gillianno, el "invitado que llegó después", plantea la inquietud de *cómo vivir bien para bien morir…* En este camino, etimológicamente aproxima la percepción (*per-capere*: hecho para ser agarrado) al ser a la mano heideggeriano (*Zuhandenheit*) conduciendo así a la experiencia y al cuerpo.

En el tercer diálogo "sobre os aís" Márcio explora otro modo en que la existencia, que se expresa en la llegada del otro, en tanto *ex-essere*, se percibe inmediatamente en la experiencia. Constata allí la dimensión de alteridad de la cual procede cada ente y la esterilidad ontológica del solipsismo. Las reflexiones de Gillianno se van por la traducción del ser a la experiencia de los pueblos y concretamente a la particularidad brasileña sugiriendo una "verbalidad brasilera del verbo ser" en la cual converge un positivismo dogmático — desde el punto de visa del conocimiento — con un sincretismo — desde el punto de vista de la vida — que se expresa en la fruición de "nossos modos de ser".

El cuarto diálogo plantea el método. Tan lejos de Descartes, Márcio se aproxima por la diferencia y la singularidad a fin de señalar la "alteridad de alteridades" y Gillianno sugiere que en nuestro tiempo la esencia asumió la forma y la dinámica de un continuo frenesí "A essência de proveta parece produzir vidas recortadas cuja dinâmica interna é o cansaço, o desgaste e o avatarismo siliconado". El método aquí se muestra como detención de ese frenesí.

En el quinto diálogo de aristotélico nombre "sobre el acto y la potencia" ambos exploran el camino de la utopía y la insistencia (*in-sistere* que al menos a mí me conduce, por los caminos de la inmanencia que propone Gillianno, hacia el *conatus essendi* spinoziano). Creo escuchar caminos de utopía allí donde Márcio describe los "caminos curvos y retorcidos" que recorre la experiencia en la realización de la potencia en la existencia. Además, ese retorcimiento me recordó a las líneas torcidas en las cuales Dios escribe derecho que Levinas recuerda a propósito de Claudel. Gillianno evoca la comunión cum-union como la hospitalidad que provoca ser afectado por el otro.

El sexto diálogo se entona en torno a una pregunta clave de estos tiempos "¿qué puede ser una vida buena para los mortales?"

Esta vez se rompe el orden de las intervenciones, posiblemente se altera el *tempo* en el dueto porque las preguntas que siguen se escuchan en nuestros días de pandemia. Y el que interpela primero es el que llegó después. La pregunta gira en torno al concepto de vida buena (en Occidente: Grecia, cristianismo, humanismo y modernidad líquida).

Luego, el que llegó primero escribe un apretado recorrido de 2000 años, pues ya presupone una valoración. Lleva la discusión a nuestro común maestro Enrique Dussel sobre las condiciones de producción, reproducción y desarrollo de la vida y alude al Prof. Félix Zavattaro, conocedor de la nación Bororo, para afirmar la *trascendencia*. Toma esta última a partir de la narrativa bororo acerca de la opción por el bambú frente a la piedra, basada en la capacidad de renacer demostrada por el bambú. A propósito de esta promesa del renacimiento, Márcio expresa una bella verdad: "Não há vida sem mais, só há vida com muito mais". Aclarando:

> Esse muito mais são todas as formas de vida construídas e destruídas ao longo e ao largo dos séculos, cuja a história e esquecimento, as vezes nos são conhecidos e nos ajudam ou atrapalham a vivermos a vida da forma como buscamos fazer, em cada caso, cada dia de novo.

Dando continuidad al orden invertido (que creo entender desde el ahora al allá lejos en el tiempo) el séptimo diálogo atañe al cuidado. A la luz de la pandemia, Gillianno reflexiona sobre el cuidado y la experiencia de sí bajo dos alternativas: la del entretenimiento (al que nos someten los medios masivos) o el cultivo de otros hábitos. Márcio ve al cuidado como la joya de la corona de la sabiduría del amor (que es, según explica, su punto de llegada). Enfoncando la pregunta en el punto de partida del cuidado y, remontándose al testimonio de un hallazgo arqueológico de un fémur cicatrizado, cuestiona el *dictum* hobbesiano acerca del estado de naturaleza. Aquí Márcio tensa la cuerda levinasiana y señala a la *sensibilidad* como "tensor ético". Es una cuerda (agregaría yo) que marca la nota La, el diapasón indispensable para acordar cualquier anhelo de armonía: "a ética da sensibilidade e da não-indiferença, como afirmação da vida de outros pelo cuidado, é uma tarefa formativa, que desafia pessoas, coletivos e instituições e que, por último, também cria tensões.".

El último diálogo restituye el orden de llegada, para entrar a la morada pandémica. Márcio inquieta al interlocutor, ni más ni menos, con la coartada de la ipseidad: la morada. Indicando que la convivencia en el encierro produjo la caída de las máscaras: "No apertar do tensor do confinamento a verdade emerge como um estremecimento, não necessariamente negativo, da pertença e da identidade.". Estremecida la existencia, emerge la verdad que "en algunos libera y en otro enloquece.". Mientras Márcio habla de lealtad, Gillianno (desde Heidegger) remite al habitar como vínculo con un espacio en determinado tiempo llamando la atención sobre la nula referencia de la filosofía al paisaje. Señalando que la pandemia nos trajo una nueva simbólica de la casa en la cual la de la funcionalidad industrial dio lugar a la del hogar, que se presenta como espacio simbólico del cultivo de sí. Luego de plantear dos formas del espacio confinado: Montaigne, el pequeño palacio íntimo y Descartes, la austeridad monacal. Evoca una tercera, en las antípodas de Levinas: el infierno satreano de "a puertas cerradas"...

Con invitada a la sinfonía, me permito sugerir dos notas desde el por-venir: la primera es invertir el orden de la palabra en el octavo diálogo, pues Sartre cierra la puerta que Levinas abre. Pero si los autores tuviesen otras razones para mantener la puerta cerrada por Sartre, me permito invitar una ráfaga de viento que, en la voz de Iván Illich (maestro sabedor, como pocos, de convivialidad), desafíe con su *conspiratio* al encierro pandémico, hasta que vuelen todos los cerrojos.

Silvana Rabinovich

(IIFL-UNAM)

SUMÁRIO

DIÁLOGOS EM PANDEMIA
LIMIAR 19

PRIMEIRO DIÁLOGO
DA ESSÊNCIA À INTER-HABITAÇÃO 23
O conviva que chegou primeiro 23
O conviva que chegou depois 28
1. Sobre dobradiças 28
2. Razão suficiente e aparição 32
3. Pericorese 33

SEGUNDO DIÁLOGO
ÀS COISAS MESMAS DO SER 35
O conviva que chegou primeiro 35
O conviva que chegou depois 40

TERCEIRO DIÁLOGO
SOBRE OS AÍS 47
O conviva que chegou primeiro 47
O conviva que chegou depois 49

QUARTO DIÁLOGO
DA ESSÊNCIA À PROVETA 53
O conviva que chegou primeiro 53
O conviva que chegou depois 55
Sobre uma essência simbolizada 60

QUINTO DIÁLOGO
SOBRE O ATO E POTÊNCIA 63
O conviva que chegou primeiro 63
O conviva que chegou depois 66

SEXTO DIÁLOGO
O QUE PODE SER UMA VIDA BOA PARA OS MORTAIS? ...71
O conviva que chegou depois interpela ...71
A contribuição grega ...72
A contribuição cristã ...74
Do renascimento à modernidade — o humanismo ...76
O conviva que chegou primeiro ...79

SÉTIMO DIÁLOGO
SOBRE O CUIDADO ...83
O conviva que chegou depois, interpela ...83
O primado da percepção e as suas implicações com o cuidado ...84
O conviva que chegou primeiro ...89

OITAVO DIÁLOGO
A MORADA PANDÊMICA ...95
O conviva que chegou primeiro ...95
O conviva que chegou depois ...97

NOTAS DE UM PORVIR ...103

REFERÊNCIAS ...105

DIÁLOGOS EM PANDEMIA

LIMIAR

Caro(a) leitor(a), por muitos séculos uma das formas mais interessantes de comunicação e de troca de informações foram as correspondências. As missivas, por um considerável tempo, foram o caminho regular para transmitir informações protocolares, casuais, formais e informais. Foi por meio delas que atos de guerra e de paz se instauraram.

Este é o um livro de diálogos, um amontoado de correspondências gravadas em vídeo por ocasião da pandemia da Covid-19, transformadas em texto. Feito sob a forma de um *impromptu*, isto é, de forma livre sem pretensões de rigorismo ou conclusão, mas de maneira sinfônica, que em sua origem grega revela um fascinante segredo — Συμ: juntos; φωνία: som. A pandemia da Covid-19 foi, de certa forma, uma grande sinfonia da vida, pois, talvez pela primeira vez na história, todos os seres humanos do planeta, sofreram direta ou indiretamente, quase que concomitantemente, os efeitos dela. Os anos pandêmicos foram também anos sinfônicos, nos quais todo o globo soou junto.

Este é também um texto repleto de etcéteras a serem completadas pelo leitor, que muito mais do que expectador é convidado a se hospedar nas palavras aqui expressas e fazer com que elas reverberem no seu ritmo e com o seu tom. Este é um texto de ressonâncias e desassossegos e, por assim ser, conclama e necessita de interlocutores.

Em cada diálogo, disfarçando sob a linha melódica, do tema do ser e os seus movimentos, estão expressas as marcas e as sinuosidade da pandemia e dos pandemônios que com ela e dela se serviram. A vida que corre nas veias e nas linhas destas páginas são a de pessoas que, repentina e desprovidamente foram assoladas por uma situação inusitada para o século XXI: uma infecção viral global com caráter biológico, psíquico, cultural, político e social. Este é um texto de contaminados. Porque, independentemente da contaminação viral que assolou muitas pessoas neste período, o que se nota é que, por se estar imerso em um contexto, não foi possível e não é possível estar alheio a este. A contaminação é um modo de vida e não o efeito danoso de um estrangeirismo.

Dessa forma e por conta desse enredo existencial, de livresco talvez esta obra só possua o nome e a forma. Em sua estrutura mesma, ou se quisermos usar uma categoria clássica da ontologia, em sua *quididade*, diálogos não admitem leitores, mas clamam por convivas. É próprio deles a circularidade, a cumplicidade e a abertura de um agir comunicativo, valendo-se de uma categoria habermasiana.

De maneira particular, trata-se de um diálogo entre dois convivas, ambos aprendizes, dos tempos e das histórias que, no meio do caminho simbólico das próprias vidas, parafraseando um início dantesco, transformaram o reduto cartesiano das suas moradas em espaços de reflexão e de interlocução com e sobre a vida, fazendo dela uma prosa do mundo, ou, seguindo a linha de Manoel de Barros, transformando os próprios quintais em algo maior do que o mundo.

Diante disso, estimado(a) amigo(a), nós lhe convidamos a se metamorfosear de leitor em conviva. A passar da posição daquele que lê e daquele que ouve para a condição de *philo-sophos*, isto é, um amigo do saber.

Porém, em geral, diálogos têm um motivo, um tema, um assunto e um contexto. Os aqui presentes não são diferentes: são diálogos sobre ontologia, sobre a experiência de ser, nas suas mais diversas possibilidades. E ser em que contexto? Em uma situação de adversidade, de eventos inquietantes e que convidam à reflexão, isto é, estes são diálogos realizados em contextos de pandemia.

Mas, afinal, o que são diálogos? A palavra grega composta de duas partes já nos ilumina quanto a isso, *dia-logos*, no qual o prefixo, *dia* significa movimento através, e *logos* tem por sentido, razão, discurso, palavra, saber, por isso, em sua raiz, diálogo aponta para uma sincronicidade que é o discurso que atravessa aqueles que estão envolvidos. Dialogar significa caminhar pela estrada da narrativa.

E disso decorre a característica mais intrínseca aqui presente, a intriga narrativa, o tema melódico que se repede, com suas variáveis e desenvolturas em cada bloco de conversas que querem possuir e manter o tom livre de quem se senta à mesa ou em confortáveis cadeiras para dialogar, muitas vezes, acompanhado por xícaras de café ou chá ou ainda por algo mais alcoólico.

Cada um dos diálogos traz consigo contextos, pessoas e experiências que significaram e robusteceram a história dos autores e que misturam e encarnam o saber teórico com o conhecimento encarnado e experienciado. Disso decorre que estes são diálogos do mestre ao seu aprendiz. Neles se podem ver uma mistura concretada de ensinamento, história, parceria teórica e, acima de tudo, amizade.

Se fossemos orientais, este poderia ser classificado como uma obra na qual o *dharma*, o ensinamento do mestre, é transmitido ao discípulo na esperança de uma continuidade e de um avanço.

Portanto, caro interlocutor, bem-vindo a este espaço de diálogo, no qual, a questão que norteia e dirige o caminho é o ser e as suas modulações. Que sejamos corajosos para singrar esses espaços e que eles possam nos fazer pessoas melhores. Eis a travessia!

PRIMEIRO DIÁLOGO
DA ESSÊNCIA À INTER-HABITAÇÃO

O conviva que chegou primeiro

Gostaria de dar o título de "tentativas sobre ontologia" a esse esforço de interlocução, na forma original de vídeo-diálogo, e dedico essas tentativas ao meu amigo e colega Gillianno José Mazzetto de Castro.

Tenho pensado muito sobre as potencialidades que guardam algumas das categorias da clássica e disputada primeira filosofia, que já foi chamada de Metafísica, de Ontologia e até mesmo de Ética.

Sem preocupação sistemática, quase em modo de aforismas, compartilho algumas intuições sobre a forma como sinto as forças, ainda contidas, de algumas categorias de uma certa primeira filosofia, aqui designada de Metafísica ou ontologia clássica e medieval, termos que serão usados de maneira indistinta ao longo dessa conversa.

Para iniciar essa negociação de significados e sentidos, tomarei dois pares de categorias em especial, a saber: as de essência e de existência e as de potência e ato, tal como as compreendi nas leituras do estagirita e do aquinate.

Parece-me oportuno pensar certos aspectos desses dois pares de categorias. Primeiro, refletir sobre a existência como *ex-essere*, ou seja, como aquilo que procede de outro como seu princípio.

Essa compreensão da existência permite complexificar a clássica discussão metafísica em torno do ente e do seu ser, chamando a atenção para o fato de que, tanto o ser entendido como diferença em relação ao nada, como o ser enquanto ser de um ente, são recebidos de outro como seu princípio, tem uma proveniência que aponta para a exterioridade do próprio ente e do seu ser.

Aqui emerge, de forma quase despercebida, a categoria de alteridade e de exterioridade no interior da discussão ontológica das categorias que constituem a compreensão clássica dos modos de ser do ente, por exemplo: o modo de ser da existência.

Existir, então, significaria proceder de outro desde uma exterioridade. Significa que o ente que existe na contingência de cada caso, procede de outro que ele mesmo e exterior a ele mesmo. Ele não é eterno, para não proceder de nenhum outro e não advém de si mesmo como um outro, mas tem a sua origem de um outro externo a si mesmo.

A alteridade toma aqui a forma de uma categoria ontológica que media a possibilidade de se chegar à categoria de existência. Existir é vir de outro como seu princípio exterior.

Note-se que existir é ser em ato, isto é, o ente que vem de outro se constitui no ato do seu aí no *momentum* contingenciado de cada caso, e o ente do qual ele veio, é um outro que também existe na sua respectiva atualidade outra igualmente contingenciada.

Para poder atualizar essa possibilidade de ser princípio de um outro ente, é preciso também estar em ato, sabendo que na existência contingente de cada caso, todo ato vem sempre mesclado de possibilidades de atualização, ou se querem, mesclado de potências.

Eis que emergem as alteridades como polaridades correlativas: o outro "de quem" se procede e o outro "que procede de...", uma inesperada relação metafísica de alteridades com uma igualmente inesperada amarração pela lógica das correlações.

Ao trazer para discussão estes dois entes outros, contingentes e em ato, associamos junto à categoria de potência. Categorias que refletiremos agora combinadas com a de essência.

Comecemos pela essência, classicamente compreendida como aquilo que se infere na medida em que se interroga pelo ser (*quis, quid*) desse ente existente em ato e que veio de outro desde uma exterioridade metafísica.

A essência emerge como a determinação mais própria de cada ente. Ela é aquilo que determina cada ente de maneira única, é a singularidade que funda a diferença e permite falar de identidade. Ela o princípio de diferenciação que torna possível a identificação de diferentes coletivos ou espécies e, em cada um deles, a singularidade de cada existente como único na sua diferença.

Parece interessante ressaltar a essência como princípio de diferenciação, pelo qual o ente é essencialmente diferenciado e singularizado, mas vindo de outro como seu princípio exterior em ato, uma essência que o diferencia de outros entes igualmente contingentes e que estão sujeitos a essa mesma mecânica metafísica de vir de outro que si mesmo.

Existir é, em ato, vir de outro que si mesmo, como uma singularidade essencialmente diferente e exterior em relação a cada singularidade outra. A contingência, com os seus marcadores do contínuo espaço-tempo, determina historicamente o processo pelo qual o ente pode realizar a sua essência na existência em ato.

Os entes contingentes não conseguem realizar toda a sua essência de uma só vez, então, quando encontramos os entes contingentes se debatendo historicamente e vivencialmente na sua existência, para dar vazão à sua essência, os encontramos marcados pelas condições dos tempos e dos lugares, de tal maneira que esse processo de realização da essência se dá em um espaço de alteridades e em um tempo de oportunidades, em uma ambiência compartilhada e regada com a sabedoria da demora, também conhecida como paciência histórica.

Essa determinação pela contingência faz com que se requeira trazer a discussão o conceito de potência. Como o ente não pode realizar de um só golpe, na sua existência, em ato a sua essência, então haverá notas constitutivas do ser do ente cuja realização será protelada, segundo as condições dos tempos e dos lugares.

Enquanto protelada, ela permanece como ser em potência, como um *ainda não ser em ato* ou um *ainda poder ser em ato*. Com isso, nos damos conta que o processo de existencialização da essência e de atualização da potência nos é entregue, a nós seres humanos, para a nossa gestão e para o nosso cuidado. Nós somos gestores e cuidadores da realização da nossa essência na existência e das nossas potências no ato.

Disso emerge a questão da responsabilidade ontológica. Se isso nos foi entregue vamos ter que responder por isso de alguma maneira, de alguma forma, em algum momento. Não sabemos exatamente como. Isso haveria que ser refletido, mas de todas as formas há uma assignação, há uma responsabilização e, portanto, haverá uma necessidade de se responder por aquilo que foi entregue e assignado em responsabilidade.

Faz parte dessa responsabilidade pela realização da essência ou pela atualização das potências, um investimento. É necessário investir. Investir em que? Primeiro investir no outro porque o outro é aquele de onde o ente veio como o seu princípio, para poder existir tal como é em essência. Investir no outro porque o outro é aquele que acrescenta as perfeições que faltam para que a potência se converta em ato. Então, a existencialização da essência e atualização da potência não são possíveis sem o concurso de um outro ser em ato mesclado de potência.

Ao fim e ao cabo, a figura da alteridade e a relação ontológica com essa figura, emergem como relações necessárias, não como relações acidentais. Sem a figura da alteridade não é possível vir de outro como seu princípio e, logo, existir em ato é construir o traçado histórico de existencialização da essência e atualização das potências.

Sem a figura da alteridade, como aquele outro ser em ato que acrescenta perfeições à potência, para que essa se converta em ato, também não é possível atualizar as potencialidades. A realização de uma existência em ato de maneira plena e com pleno sentido, requer um investimento tanto na realização da essência como na atualização das potencialidades e nas suas respectivas condições.

A condição fundamental da existencialização da essência e da atualização das potencialidades é essa figura metafísica da alteridade que, a partir desse olhar, passa a ser constitutiva dos processos metafísicos que levam à plenificação da existência em ato e ao seu maior sentido: ser desde outros e para outros. Como investir nessa alteridade? O investimento nessa alteridade pode começar pelo reconhecimento de que se é, como ente, ontologicamente necessitado de outro, de onde se procede como seu princípio.

Seria reconhecer que metafisicamente, como entes, somos necessitados de um outro ente que nos acrescente perfeições para atualizar nossas potencialidades. Significa, necessariamente, abandonar qualquer tipo de visão ou de teorização do ente humano como absolutamente livre e como absolutamente autônomo.

Liberdade e autonomia serão sempre relativas às figuras de autoridade que são parceiras nesse processo de existir, de vir de outro como seu princípio, nesse processo de atualização das suas potencialidades. Note-se que a autoridade consiste nisso: ser capaz de perceber e de investir nas potencialidades, nutrir e fazer crescer.

Um segundo investimento é na própria essência. Começa pela pergunta pela diferença que faz de cada um, em cada caso, uma singularidade metafísica. Conhecer essa singularidade será um permanente desafio. Debruçar-se sobre seu próprio ser singular, único e irrepetível seria uma forma de investimento que permitiria um certo apropriar-se e um esforço por responder por aquilo que lhe é essencialmente mais próprio.

No que diz respeito a atualização das potencialidades, é importante ressaltar que para a transformação da potência em ato, existem condições. A primeira delas é pedir ajuda, porque sem os outros seres em ato mesclados de potência, não será possível atualizar as potencialidades; a segunda, é aceitar a ajuda. Sem a aceitação da ajuda não há atualização das potencialidades e com isso não haverá crescimento nem amadurecimento.

O cuidado é a condição metafísica para a plena realização histórica da humanidade na existência em ato e singular de cada ente humano em cada caso, segundo as condições dos tempos e dos lugares.

O conviva que chegou depois

Caro Márcio, que alegria poder ouvir e ler as suas ideias. Elas de fato iluminam possibilidades e dão o que pensar. Ao entrar em contato com elas e ver a força da novidade que, de maneira gradual, ordenada e metódica ali se anuncia fiquei bastante feliz e honrado em poder ver esse novo achadouro em seu processo embrionário. As minhas contribuições frente a esse achado serão pequenas e não terão grandes pretensões. Elas, podem ser grandes tolices enunciadas. Mas o que são as descobertas senão coisas inicialmente inusitadas e mal elaboradas que, aos poucos, com o dobrar das calendas, vão se constituindo, solidificando e robustecendo?

Três são os pontos que gostaria de pensar contigo no intuito de contribuir com a reflexão: 1º com relação à dobradiça ontológica ato-potência-Existência; 2º concernente ao movimento entre princípio da razão suficiente e aparição; 3º explorar a ideia de uma alteridade e intersubjetividade como condição inerente e ontológica e associar tal ideia ao conceito de pericorese.

1. Sobre dobradiças

Quanto ao primeiro ponto, achei bastante interessante a retomada que você faz das categorias aristotélicas de ato-potência, lido sob a pena medieval de Tomás de Aquino. Interessante por vários motivos. O primeiro é que há ainda uma desconfiança, fruto da ignorância, com relação ao pensamento medieval e a sua riqueza. Parece que Montaigne tem razão quando afirma nos seus ensaios, no capítulo sobre os canibais, que tudo aquilo que não nos é familiar é considerado bárbaro. Em muitos casos, a Idade Média é, para nós ocidentais e, de maneira específica, para nós do continente americano, uma terra desconhecida, envolta no ocultismo, quando, em muitos casos, os obscurantistas somos nós.

Segundo, porque Tomás de Aquino nasce pouco depois de um período bastante curioso, ainda não suficientemente clarificado, que foi a faixa temporal que vai do ano de 1050 a 1200, portanto do século XI ao XIII, no qual, em várias regiões da Europa, de maneira mais contundente, nas regiões onde hoje estão a França e a Alemanha, começam a surgir movimentos, incialmente de caráter teológico, mas que depois serão ampliados para cosmovisões, da relação entre o sujeito e a orbe. É nesse período que podemos encontrar a manjedoura daquilo que entendemos por indivíduo. E, de certa forma, Tomás de Aquino, acaba por beber desse *esprit d'epoque*. Feito esse excurso de caráter mais exploratório, vamos ao que nos interessa de fato. A dobra ontológica entre ato e potência e o seu processo de existencialização.

Se todo ser em ato só pode ser atualizado, em suas potencialidades, mediante o auxílio de um outro ser em ato, constituindo, com isso, o núcleo da relação de manutenção da existencialização e, por consequência, do aí desse ente no mundo, parece-nos oportuno explorar algumas ideias que podem ajudar nesta reflexão.

A primeira delas vem de um outro autor medieval, pouco explorado em nossas terras: Geraldo Odon (1285-1349). Ele, em sua obra *De duobos communissimis principiis scientiarum*, propõe o conceito de *ens tertio adiancens*, que seria uma sofisticação lógica em relação ao realismo proposicional de Aristóteles. Buscando resolver a oposição criada entre os *ens reale* e os *ens rationis* da lógica aristotélica que, por força, teria de admitir o terceiro como excluído, isto é, teria de aceitar a lógica de que, a rigor: *de quolibet esse vel non esse et de nullo simul*. Odon, busca resolver esse problema introduzindo o ente adjacente em terceiro lugar, *ens tertio adiacens*.

Essa nova forma de percepção pode ajudar, a meu ver, quando pensada no processo de atualização da potência. Pois se a potência só pode ser atualizada por um outro ente em ato, esse ente que contribui no processo de atualização dessas potencialidades afirma-se como um *ens tertio adiacens*, isto é, como um terceiro incluso, que está junto, próximo, e por isso adjacente.

Contudo há aqui uma situação que precisa ser considerada que toca o princípio da identidade e correspondência e, por sua vez, a verdade. Como afirma Aristóteles (1998) na Metafísica, "assim como algo é com relação ao ser, ele é com relação à verdade"(Metafísica, II.1, 993b30-1). Portanto aquilo que é *a fortiori* verdade, o *é* necessariamente. Parece-me existir aqui uma sutileza lógica que implica uma peculiaridade ontológica, a saber: o verbo ser, que na proposição não é nem sujeito, nem predicado, mas um terceiro incluso adjacente. Feito isso, figura-nos que a relação da alteridade como princípio inerente à constituição e atualização do ente fica mais clara e apodítica.

Passar da admissão à postulação desse terceiro requer uma mudança de paradigma lógico. A lógica da identidade e da não contradição, que trabalha com polaridades binárias contraditórias, necessariamente afirmará uma das polaridades, negará a outra e com ela, negará também a possibilidade híbrida de um terceiro.

No entanto, se as polaridades binárias se constituem a partir de uma lógica da correlação e não da contradição, como no cálculo diferencial e integral, será possível alcançar outros patamares de consistência lógica e sustentação racional. Se pensamos a relação entre um e outro como uma correlação entre ímpares, o terceiro, igualmente ímpar, como outro ou como adjacente, não só se torna possível, mas se torna logicamente necessário.

Uma segunda relação pode ser vista no processo da dobra ontológica entre atualização e existencialização, pois, se atualizar é tornar presente, no aí do ente, aquilo que lhe é concernente a potência, e, portanto, esse processo se constitui como um duplo caminho de "para fora do ser", *ex-essere*. Duplamente porque, por um lado, possui uma origem e atualização que procede e necessita de outros, e, por outro, só se constitui como aí na existência, quando se mostra na exterioridade.

Tal dinâmica implica dois caminhos de reflexão: 1º que toca ao dado mesmo da existencialização como dependência; 2º da existencialização como internalização ou mostração.

Ao se pensar que há uma necessidade de um terceiro em ato para que o outro ente seja atualizado em sua potência, temos que admitir, *a fortiori*, que a relação com a alteridade e, portanto, a constituição de uma dinâmica intersubjetiva, não é da ordem do acidente ou do acordo, mas se constitui como uma *conditio sine qua non* se pode ser sujeito no aí da própria existência.

Contudo se atualizar na existência implica vir de outro como origem, *ex-essere*, e exteriorizar-se enquanto presença no aí da existência. Há uma aparente correlação entre o processo de ser um ente aí atualizado e ser um ente aí que se mostra, produzindo a sobreposição, já alertada por Kant, entre ser e aparecer. Porém que ser? Ou qual tipo de ser? O ser atualizado do ente na existência.

Entretanto uma nova camada de reflexão, ou sutileza, pode ser pensada, pois, ainda que a existência seja o processo por meio do qual o ente se atualiza e se transforma em aí das suas possibilidades, essa existência, no caso do ente humano, possui uma peculiaridade que lhe é *conditio*. A peculiaridade de que sem vida não há atualização ainda que exista existencialização.

Exemplifico. Tomemos três casos emblemáticos: um abortivo, um natimorto e um cadáver. Para esses três casos se poderia dizer que eles existem, eles estão no aí da sua mostração e procedem de outros, respeitando as duas particularidades inerentes ao conceito de *ex-essere*, não obstante, apesar de estarem no aí da sua mostração eles não se atualizam enquanto ente, porque a única forma possível para eles o fazerem seria a degradação ontológica, isto é, a atualização para o *não ser* humano e isso não seria, a rigor lógico, uma atualização de potencialidade, mas um salto do ser ao nada de ser.

Nesses três casos, toda a referencialidade predicada é sobre a potência e não sobre o ato, pois, tanto o natimorto quanto o abortivo possuem todas as potências de um ser humano, ainda que não as realizem. Por sua vez, o cadáver possuiu todas essas potências. Nos dois casos o princípio de identidade não é atribuído pela presença e pelo ato, mas pela falta. A identidade nesses casos é atribuída pelo não ser ou por aquilo que poderia ser, e não por aquilo que atualmente é.

Frente a isso, parece-me que um princípio importante que precisa ser considerado é que o processo de atualização das potências no ser humano só pode acontecer se este estiver vivo na vida e que a mostração na existência ainda que lhe preceda enquanto realidade ontológica, pois posso ser um existente sem estar vivo, tendo na vida o seu fundamento e dinâmica de atualização.

2. Razão suficiente e aparição

Um segundo ponto que, ao ouvir e ler a sua reflexão, chamou-me a atenção e me fez pensar foi sobre a relação entre *ser--logos-aparecer*. Há uma acusação, presente em *Ser e Tempo* e nos comentários ao *Sofista* de Platão de Heidegger, que inicialmente me pareceram bairrismo filosófico, mas hoje fazem mais sentido. A acusação heideggeriana gira em torno da escolha por um tipo de ser feita por Platão e Aristóteles. Que tipo de ser é esse? Um ser que se assemelha ao modelo do logos grego.

Ao observarmos as categorias de Aristóteles, principalmente as quatro formas de causa notaremos que, quando transferidas para a lógica de operação dos seres no mundo, e de maneira particular, com o surgimento da modernidade, com a centralização da figura do ser humano, ela sofreu uma torção a partir do princípio de causa eficiente.

Tal torção, combinada à lógica dos tipos ou ideias platônicas, produziu, na forma ocidental de pensar, uma dinâmica curiosa: o ser, para sê-lo, deve possuir uma referencialidade. Mas qual? Ele deve obedecer aos princípios lógicos, principalmente aqueles que o remetem a um modelo ideal e que o condicionam a não produzir efeitos que sejam incoerentes com as suas causas.

Ao assumir essa lógica ou não se dar conta dela, o pensamento ocidental, inspirando-se em Platão e Aristóteles, acabou por condicionar a vida do ser a um princípio, o da razão suficiente. Com isso, produziu-se, no processo de desenvolvimento do pensamento, e das suas múltiplas reificações uma *mens*, ou forma de pensar, que supõe uma teleologia e uma casuística, pois o ser só pode ser aquilo que em essência lhe é permitido ser, bem como ele só pode ser aquilo que em potência lhe é possível desenvolver. O ser necessita de um mito de fundação que obedeça a razão suficiente e um lugar para ir, uma utopia ou teleologia que obedeça às formas arquetípicas do logos.

O que isso gera? Produz um modelo de mundo baseado em uma lógica histórica na qual, o próprio mundo é o cenário, no qual, o ser em potência atualizada e ambos se desenvolvem. E foi aqui que talvez Heidegger tenha se colocado em uma encruzilhada, porque, querendo sair da lógica platônico-aristotélica, acabou por produzir uma reflexão ontofenomenológica na qual o *Dasein* se comporta dentro do logos grego.

Mas que tipo de logos é esse? O logos grego é aquele baseado na mostração de uma razão suficiente. Portanto conhecer significa clarificar os fundamentos de tal forma que eles possam ser evidentes e, por isso, verdadeiros.

Portanto há uma relação interdependente entre fundamentar e mostrar. Aquilo que não pode ser fundamentado dentro dos princípios de uma razão suficiente apresentar-se-ia como um delírio e por consequência uma impropriedade em relação à vida mesma do ser.

3. Pericorese

Ao lhe ouvir, uma ideia ficou martelando a minha cabeça: o conceito de pericorese. Não estamos aqui falando mais dos séculos XI ao XIII, mas, bem antes, dos séculos III ao IX. A construção desse conceito é bastante interessante pois ele nasce dentro da reflexão cristã sobre a *prósopon*, ou *persona* de Deus. A pergunta de fundo era: como pode ser Deus uma comunidade, trindade, sendo um? Uma primeira resposta foi a partir do conceito de *hipóstasis*, isto é, eles possuem a mesma substância divina.

Contudo isso não resolveu muito o problema e, de certa forma, acabou produzindo maiores. Foram os padres capadócios e, posteriormente, João Damasceno que desenvolveram um conceito alternativo e complementar ao de pessoa e ao de substância, o conceito de pericorese.

Peri, movimento circular em grego, *corea,* dança. A dança circular que em latim foi traduzida por *circumincessio,* e que hoje podemos entender sob a forma de inter-habitação, interpenetração.

> Em primeiro sentido a Monarquia, que significa que tudo provém e se centra no Pai, que aparece como princípio e núcleo da divindade. Em segundo sentido a Consubstancialidade, o que apresenta as três hipóstases, compartilhando a mesma essência ou natureza divina. Em terceiro sentido, demonstra as distinções pessoais onde cada hipóstase tem sua propriedade particular, porém, as três existem relacionando-se entre si. Em quarto sentido, trata sobre a inabitação a pericórese, ad intra significando que as três hipóstases habitam umas nas outras, em movimento de Vida plena de maneira que sua unidade é de presença mútua (DAMASCENO, 1998, p. 80-86).

Tal relação de inter-habitação foi expressa por Gregório Nazianzeno desta maneira: "o permanecer e o residir uma na outra das três pessoas demonstra que um e idêntico é o movimento, o que não se pode notar na natureza criada" (CODA, 2000, p. 203-207).

Pensando tal relação a partir daquilo que você apresentou sobre a necessidade ontológica do outro, parece que esse conceito oferece mais uma complementação e enriquecimento sobre essa necessidade, pois acaba deslocando o foco do sujeito que é atualizado e voltando-se para o *como* da relação, isto é, para o fato de que tanto o ente atualizado como o eu que se atualiza possuem entre si uma adjacência, eles se inter-habitam ao "dançarem circularmente", em torno dessa relação. De tal maneira que não é apenas um ente que se atualiza, mas todos aqueles que estão implicados na relação. Todos são alteridades e cada um é o outro do outro, parafraseando Hanna Arendt, a transcendência também é um espaço de alteridades.

Essas são algumas ideias que tive fruto das suas intuições. Espero não ter feito você se aborrecer ou perder tempo. Até a próxima.

SEGUNDO DIÁLOGO

ÀS COISAS MESMAS DO SER

O conviva que chegou primeiro

Olá! Gostaria de dar a esse diálogo o título de segundas tentativas sobre ontologia e também dedico esse vídeo ao meu amigo, colega e interlocutor Gillianno José Mazzetto de Castro.

Quando me propus o curso de ontologia, comecei considerando-o como um olhar sistemático sobre a realidade, constituído por um certo número de categorias que operam como analisadores do que advém da experiência como real. Além disso, considerei também essas categorias nas suas relações umas com as outras. Dessas considerações emergiu uma pergunta que considero fundamental: como construir um caminho reflexivo para chegar a essas categorias e suas relações?

De saída pensei que haveria duas possíveis veredas, quiçá, haja uma terceira ou quarta, não sei. Escolhi ficar com a hipótese de que haveria, pelo menos, dois caminhos. O primeiro, o caminho de apresentar conceitualmente as categorias, que chamaria de uma vertente mais enciclopédica, na qual se apresenta nominalmente e se dá a conceptualização em que se explica o significado da categoria, na esperança de que, um dia, um acadêmico possam utilizá-la, de alguma forma, na sua relação com a realidade que emerge como um mundo no qual se vive, como o entorno com o qual se convive e no qual se move.

Também pensei que poderia haver um segundo caminho. Aqui estamos discutindo um pouco de método que seria quase didático-pedagógico, uma tentativa de caminho. Um intento de construir um itinerário, no seu sentido grego de *meta-odos*. Se trata de um caminhar, passo a passo, que parte de um conhecimento assistemático de uma categoria até chegar a sua sistematização. Um método que permitiria um aprendizado da categoria com a mesma dialética da subida da montanha, presente na cultura oriental, observando, por exemplo, no platonismo, corrente de pensamento mais oriental do que nós somos capazes de admitir.

O idealismo platônico fala das duas dialéticas: a ascendente e a descendente — ambas pedagógicas. Poderiam ser dois caminhos a serem trilhados para se chegar às categorias e, ato seguido, que permitiria um retorno que iluminaria o olhar que repousa sobre a experiência.

A opção escolhida se parece um pouco com certos itinerários, por exemplo, o *Itinerário da Mente para Deus,* de São Boaventura, ou com o próprio itinerário da Fenomenologia de ir avançando, passo a passo, até chegar às sínteses superiores que fazem ver a essência da uma idealidade. Chamando a atenção para o fato de que a preocupação é com o caminho a ser percorrido, já que o aprendizado do percurso forma o olhar capaz de apreciar a paisagem que se abre a partir do ponto de chegada.

Opto por ela, isto é, fazer com os meus alunos essa experiência de partir de algo conhecido e dado de forma assistemática na experiência e avançar com a problematização até chegar a uma categorização consistente, para fazer o caminho de volta e poder colocar em análise a realidade ou o entorno, na forma de mundo, no qual nos movemos.

Considerando que, de alguma maneira, o caminho de volta já se encontra mapeado no trajeto da estrada de ida, parece ser possível intuir que simplesmente apresentar de forma nominal as categorias ontológicas e seu significado enciclopédico, sem refazer a trajetória de construção desse saber desde a experiência, impossibilitaria a realização do caminho inverso, isto é, passar da categoria a um olhar informado, analítico e crítico sobre a realidade.

Para poder permanecer dentro das mais canônicas das tradições, resolvi partir de duas deixas aristotélicas. A primeira delas diz que é natural e comum, nos seres humanos o desejo pelo conhecimento.

Gostaria de chamar a atenção para a palavra desejo, porque ela está operando em um nível diferenciado do próprio intelecto.

Certamente, todas as questões relacionadas à ordem do desejo ficarão mais claras nos desdobramentos posteriores da filosofia e de outras especialidades. De qualquer maneira, aparece textualmente, como uma proposição metafísica aristotélica, o conhecimento sendo atravessado pelo desejo. Encontrar essa associação logo ao início do livro que vem depois da física, e indica que todo o processo de construção da metafísica não pode estar desvinculado com a questão do conhecimento como obra do desejo.

A segunda afirmação aristotélica, muito repetida no âmbito da escolástica filosófica, é a seguinte: *nada chega ao intelecto sem antes passar pelos sentidos*. Essa afirmação apareceu muitas vezes na fala de um grande professor, Félix Zavattaro, também conhecido como "o papai". Um poderoso mestre da força filosófica que, na sua simplicidade e delicadeza, como todo ancião sábio e encantador, fez-nos ver que esse é o princípio sobre o qual se assenta o realismo sensorial perceptivo do intelectualismo aristotélico. Mas também nos fez ver que, depois do criticismo kantiano, é necessário advertir que *nada chega ao intelecto sem passar pelos sentidos, exceto o intelecto*, desde um princípio presente na forma de estruturas formais-transcendentais "a priori".

Esses arrebatamentos intuitivos "do papai", nos indicam a necessidade de uma abertura com relação aos novos observáveis que vão emergindo epocalmente na história do desenvolvimento do pensamento filosófico permitindo a produção de novas sínteses e novos olhares.

Parece ser que a experiência sensorial, o desejo, o conhecimento e o intelecto são componentes indissociáveis das discussões ontológicas. Desde uma perspectiva minimamente realista, parece que a experiência sensorial tem a função de despertar, por uma impressão originária, o desejo pelo conhecimento intelectivo. Em função disso, a minha escolha recai sobre a experiência, no seu sentido latino de *ex-perior*, travessia do perigo, como o ponto de partida para refletir como os seres humanos porosos e afetáveis, vamos, passo a passo, realizando esse itinerário que nos constrói como sujeitos de elaborações categoriais sistemáticas, nesse caso, de um sistema denominado de ontologia.

Ex-perior significa atravessar e ser atravessado, passar por entre porosidades e ser atravessado em seus próprios poros. Uma tal travessia pode ser tomada tanto em sentido sensório-cognitivo como estético, ético, religioso, social e político, bem como em sentido ontológico. O tema da experiência é da ordem do dia. Todo ser e fazer é um poroso entreposto de atravessamentos.

Outro aspecto interessante é o fato de que a experiência se dá como evidente para quem experimenta. Ainda que não seja possível saber de forma específica e no detalhe o conteúdo de uma experiência, fica sempre o sabor de que algo foi experimentado, foi vivido e faz parte do acontecido e pode ser narrado, ainda que em uma linguagem vacilante e truncada.

A experiência é ato primeiro, o dar-se conta dela e poder narrá-la é ato segundo, que poderá acontecer ou não. O ato segundo, de narrar a experiência, é um movimento de apropriação na linguagem, de significação e de atribuição de sentido, e só aí se torna possível o detalhamento dos conteúdos, da modalidade, da afetação e de como a experiência passa a fazer parte de uma biografia sistemática.

Embora nós não tenhamos uma consciência clara de quais atravessamentos estamos produzindo e de como estamos sendo transpassados, temos a sensação da autoevidência de que isso aconteceu ou está acontecendo de algum modo, movemo-nos em uma certa autoevidência desse movimento de travessia impressiva do perigo.

Essa experiência tacitamente autoevidente, que já foi chamada de sentido comum ingênuo, esse despertar dos sentidos, do desejo e do conhecimento por impressões originárias, constitui o ponto de partida para a largada do itinerário que, passo a passo, permite pensar a ontologia e seu conjunto sistemático e sistêmico de categorias.

É certo que é possível levantar dúvidas sobre os conteúdos de uma experiência. No caso da percepção, sempre haverá dúvida, por exemplo, se realmente escutou ou se o que foi escutado estava ou não presente nesse alegado ato de escuta. No entanto, mesmo na escuta esquizoide há uma experiência e uma evidência perturbadoras.

Essa não é a evidência de uma demonstração geométrica ou de um argumento de necessidade lógica, mas é a evidência que acompanha a *ex-perior*, aquém da necessidade de argumentar, mas não fora da linguagem, já que se hospeda com familiar conforto nas narrativas biográficas.

Se consideramos que a experiência é algo tão comum e faz parte do nosso movimento ordinário no entorno de cada um em cada caso, em que nos esgueiramos, atravessando e sendo atravessados, às vezes nos dando conta e outras vezes não; se consideramos também que das experiências que tivemos a oportunidade de dar-nos conta, temos uma evidente sensação de que algo foi *ex-perior-mentado*, vivido de alguma forma e por último, se tomamos a experiência como ponto de partida para o *metá-odós* como um caminho que se faz ao caminhar, torna-se possível interrogar: qual experiência narrável se encontra mais próxima da tarefa ontológica e sobre a qual seria possível construir os primeiros movimentos de sistematização categorial?

Se é possível usar a imagem do degrau, a experiência seria o primeiro e dentre as muitas experiências possíveis. Elegi a percepção sensorial como a mais próxima do que poderia ser o ponto de partida para iniciar a reflexão sobre a ontologia.

A experiência sensório-perceptiva também tem o seu grau de evidência já que é possível dar-se conta de que se está ou não escutando ou vendo, conforme o caso. Passamos do plano da experiência a um plano mais específico, o da experiência da percepção, que também se mostra autoevidente, com todos os seus problemas.

A percepção sensorial está no ponto de partida de múltiplas construções cognitivas, ainda que na forma abissal que suscita mais perguntas que respostas. A partir da percepção é possível construir sistema de conhecimento, como a biologia, a medicina, a sociologia, a política e até mesmo o elaborado tratado lógico da estrutura formal da percepção e da enunciação de seu conteúdo.

Um grande pensador francês, que sempre deu o que pensar, advertiu certa vez que até mesmo uma filosofia da intuição necessita passar pela experiência de ser intuída.

O aristotelismo anuncia a percepção na origem da cognição e esta última na origem da metafísica, atribuindo ao ser humano o desejo do conhecimento.

Se de todas as experiências possíveis, o interesse recai sobre a percepção sensorial, então é possível avançar propondo uma nova pergunta, a saber: de todas as experiências perceptivas possíveis, qual é aquela que mais se aproxima da ontologia?

Com isso entramos com o tema da percepção dentro do âmbito das discussões específicas e próprias da ontologia, diferentemente do que acontece em outros sistemas de conhecimento ou especialidades. A percepção sensorial de maior interesse para a ontologia é aquela que mostra de forma perceptivelmente evidente de que *há entes*.

O conteúdo dessa percepção é dos mais básicos e elementares, além disso, diz muito pouco, pois produz um mapa global do entorno informando que está povoado de entes e não está despovoado de nada. Uma percepção que diz afirmativamente os entes, sem, no entanto, afirmar o que são ou o que é cada ente na sua singular peculiaridade. Essa primeira evidência perceptivo-sensorial de que há entes será, então, o ponto de arranque do itinerário de construção da ontologia e suas categorias.

O conviva que chegou depois

Caro márcio, os dias de isolamento têm-nos feito mais cartesianos em alguns sentidos. Descartes, para escrever as suas meditações, refugiou-se em sua solidão, silêncio e isolamento, para, assim, pensar as possibilidades de um método para se chegar ao justo, adequado e, se assim podemos dizer, verdadeiro conhecimento. Nós, por sua vez, por força de uma entidade que, em si, já carrega um problema metafísico, pois, até hoje há ainda o impasse se os vírus são ou não seres vivos, nos vemos obrigados a nos refugiarmos em nossas casas e aqui permanecermos acompanhado dos nossos exercícios mentais.

Contudo, como dizia Tolkien (2002, p. 5):

> In a hole in the ground there lived a hobbit. Not a nasty, dirty, wet hole, filled with the ends of worms and an oozy smell, nor yet a dry, bare, sandy hole with nothing in it to sit down on or to eat: it was a hobbit-hole, and that means comfort[1].

Sinto-me muito mais em uma toca de Hobbit do que prisioneiro de uma caverna platônica. As suas intuições têm-me proporcionado viagens bastante interessantes e me forçado a revisitar amigos teóricos até então distanciados pelo caminho da vida. Agradeço-lhe por isso. Ainda que essas sejam discussões em tornos de tópicos ontológicos, feitos sob a forma de ensaios que não tem pretensão nenhuma de sintetizar respostas, mas de abrir caminhos em muitos casos, parece que estamos revivendo os tempos estoicos, nos quais, a todo o tempo e sob várias modalidades estamos refletindo sobre uma única questão: como bem viver para bem morrer?

Uma primeira consideração me parece clara após lhe ouvir e ler. Creio que a sua segunda meditação em ordem de envio seja a primeira em ordem de apresentação do tema, porque nela você expõe as razões fundamentais e mune o leitor com os aparatos necessários para se empreender essa subida ontológica. Dois pontos em particular eu gostaria de pensar contigo. O primeiro com relação ao primado da percepção e o segundo com relação ao conceito de experiência, temas ao redor dos quais giram essa sua meditação, ainda que você os apresente na ordem inversa.

Fiquei bastante feliz com a retomada da percepção dentro de uma reflexão ontológica. Esse é um tema caro a Merleau-Ponty, principalmente a partir do texto *O primado da percepção e as suas consequências filosóficas*. De fato, a percepção é algo bastante interessante, principalmente quando se começa a perguntar: o que é possível perceber? Como é possível perceber? E o que se percebe? Essas

---

[1] Em um buraco no chão vivia um hobbit. Não um buraco nojento, sujo e úmido, cheio de vermes e um cheiro de mofo, nem ainda um buraco seco, vazio e arenoso sem nada para sentar ou comer: era um buraco de hobbit, o que significa conforto.

perguntas vêm assombrando a história do pensamento ocidental desde Platão e Aristóteles, até aos mais ousados filósofos da mente.

Acho que a etimologia dessa palavra pode nos ajudar um pouco a pensar as consequências filosóficas dessa categoria. *Percipere = Per + Capere*, significa originalmente algo feito para ser agarrado, apreendido e, portanto, há na estrutura da percepção, um ato de abertura para um doado. Há nela um *Zuhandenheit*, um algo que está disponível à mão, algo que está disponível para ser colhido. Portanto, a partir de uma primeira mirada, parece-me que perceber significa colher. Porém qual é o primeiro objeto que se colhe?

A meu ver, o primeiro objeto que pode ser colhido não é o ego em si, pois ele se desenvolve tardiamente nos seres humanos, ele é quase que um produto residual, ainda que, na vida adulta do sujeito ocidental ele ocupe a aparente preponderância. Parece-me que a primeira coisa que colhemos, logo quando saímos do ventre das nossas mães, ou ainda dentro delas, são as experiências e, como primeira consequência, só há experiência porque há uma estrutura da percepção.

Contudo, do ponto de vista da ancoragem apodítica necessária para a construção de um edifício ontológico, essa primeira realidade se apresenta bastante frágil por alguns motivos: 1º porque ela acaba reduzindo a percepção ao horizonte do conhecimento dos objetos por meio dos estímulos, criando, com isso, uma forma de empirismo ingênuo; 2º porque ela condiciona o valor da percepção ao elemento externo que, em si, pode ou não ser percebido de maneira adequada. Basta ver, por exemplo, as alucinações, as miragens, ou as projeções e construções mentais.

Frente a isso, é preciso pensar uma estrutura que, ainda que parta dos sentidos, possa oportunizar uma experiência interna que seja garantidora da minha experiência perceptiva. Essa estrutura ou dimensão me parece ser o ego, aqui, estritamente entendido no sentido kantiano de intelecto.

Contudo, ainda que seja bastante sólido, pois é apodítico, como nos ensinaram Descartes e Husserl, o ego, como horizonte que valida um tipo de percepção específica que é a de que eu me noto percebendo e ao perceber, ou dizendo isso de outra forma, poder-se-ia afirmar que, ao perceber, eu me colho na percepção enquanto ego apodítico.

Não obstante, ainda que seja indubitável, pois se assim não o fosse o argumento seria levado *ad infinitum*, o ego apodítico da percepção me coloca algumas dificuldades tais como: como pensar a condição inerente de atualização da potência de um ente pelo outro a partir do ente adjacente se a condição de base que estrutura e valida o edifício ontológico é o monadismo do ego apodítico? Pergunta essa, cuja resposta ainda me foge, qual ladrão noturno.

Um outro elemento da percepção que me chama a atenção é que *perceber não necessariamente significa tomar consciência*, no sentido estrito de consciência como movimento ativo da razão. Ora, o tempo todo, ainda que em estado de torpor, sono, coma, estamos percebendo, estamos colhendo informação do nosso redor. Por isso, é o corpo, no sentido de *Leib*, corpo subjetivo vivo, e não o intelecto, ou o ego, o órgão da percepção.

Não obstante, ao estabelecermos a percepção racional, isto é, a reflexão, como caminho de validade para o edifício ontológico, e também lógico-gnosiológico, nós, indiretamente, acabamos por postular que há um tipo de percepção em particular, que tem maior validade, isto é, a percepção do logos, ou intelectiva.

Tal ponto fica ainda mais interessante e complexo, sobre o ponto de vista da reflexão, quando tomamos por sabido aquilo que Husserl exemplificou nas *Lições para uma fenomenologia da consciência interna do tempo*, a saber: que não há apenas um tempo externo à consciência, na qual, a percepção acontece, mas que a própria consciência tem um tempo. E esse tempo impacta diretamente na forma como o ente, percebe-se tomando consciência do e no mundo. Ele me parece muito mais com um *ser-tempo* do que apenas um *ser no tempo* ou ainda um *ser e tempo*.

Uma outra dimensão que pode deixar essa questão da experiência, da percepção e da constituição da base para o edifício ontológico ainda mais interessante aparece quando pensamos que, uma vez constituído o ego, a experiência humana de si e do mundo se dá sobre a forma de narrativa. E aqui podemos ver a guerra entre os psicologistas empíricos e os lógicos. Pois, a partir da constituição do ego, a pergunta necessária a ser feita é: "qual experiência denota o mundo?". E, nesse ponto, parece-me ressoar as reflexões de Russel sobre a teoria da denotação.

Apresentado isso, penso que seja possível pensar sobre que tipo de experiência pode produzir uma intuição ontológica? Pondero isso, pois há alguns tipos de experiência que não me parecem produzir, ou facilitarem tal caminho, por exemplo, a experiência de se estar entorpecido, a experiência de se estar dormindo, a experiência de se estar alienado. Quais seriam as experiências que abririam a caixa do intelecto para a sensibilidade ontológica?

A meu ver, os gregos nos deixam uma deixa. O iluminismo grego, usando uma expressão bastante problemática de Popper, parece ter surgido quando estes se permitiram perguntar pelas *razões dos seus deslumbramentos*. Não ainda, pelas razões ou essências dos seus fundamentos, período que, no meu parco entendimento, produz a metafísica enquanto discurso racional sobre as últimas realidades. Parece-me haver uma anterioridade, constitutiva, que aponta para uma experiência bastante específica da mundaneidade humana.

A experiência de *colocar a vida ao colo*, usando uma expressão de Fernando Pessoa. Esse *colocar a vida ao colo* pode se dar por meio da angústia, do encanto, da desolação, da morte, do tédio, da perca de sentido, do mistério da vida. Parece haver em cada nascimento, em cada funeral, em cada situação limite o som velado de uma ontologia. E daí se pode entender a expressão aristotélica de que a filosofia nasce do espanto.

Há uma invenção grega que me chama bastante a atenção sob esse aspecto: a tragédia. Nela, podemos perceber a *hybris*, o temor, o tremor, a situação limite. Cada vez mais me convenço que, na tragédia, enquanto projeto estético e enquanto paideia, que espelha o mundo, há uma intuição ontológica sem necessariamente haver uma intuição metafísica ainda que nós, ocidentais, de base cristã, pós século XIX, marcado pela visão romântica que dura, de certa forma, até os nossos dias, tenhamos a tendência a erroneamente interpretar as tragédias sob o ponto de vista moral.

Ali nós podemos observar a dor e a vingança quando elas não estavam ainda atreladas as ideias morais de culpa, pecado e mancha. Há nelas uma finitude, sem necessariamente uma culpabilidade. Nas tragédias, encontramos o ser humano em uma situação limite, mas sem culpa, que é uma invenção judaico-cristã, que depois, pouco a pouco, foi sendo incorporada dentro de um modelo representativo de mundo, com, inclusive, sólida sustentação metafísica.

Essas foram as intuições que pensei a partir da sua meditação. Até a próxima.

TERCEIRO DIÁLOGO

SOBRE OS AÍS

O conviva que chegou primeiro

Quero chamar esse diálogo de "terceiras tentativas sobre ontologia" e gostaria de dedicá-lo aos professores Félix Zavattaro e Valter Bocchi, que foram pessoas que tiveram, por muitos anos, uma presença forte, marcada por uma poderosa simplicidade, na vida do curso de Filosofia da Faculdades Católicas do Mato Grosso, hoje Universidade Católica Dom Bosco, marcando-nos como figuras fundadoras e arquetípicas.

Pessoas que nunca se negaram a nos atender, individualmente ou em grupo, interrompiam suas atividades e nos hospedavam na sua experiência de anos de leitura e reflexão. De modo especial o professor Félix Zavattaro, também diretor da biblioteca, que nos recebia à sombra de um grande acervo de livros e de revistas impressos em papel, naquele então, difíceis de encontrar e adquirir.

Com o professor Félix Zavattaro, as conversas eram mais frequentes e mais longas, porque quando chegávamos com uma questão ele pedia a uma de suas auxiliares que descesse das prateleiras títulos relacionados ao tema proposto e contava uma história sobre aquela temática, acenando transversalmente para outras questões igualmente relevantes na discussão. Eram verdadeiras cátedras informais na biblioteca. Esses foram os melhores momentos do processo de formação, nos quais o professor se convertia em mestre da escuta e da orientação paciente e serena.

Na conversa anterior, havia interrompido nosso diálogo quando intentava explicar algo parecido a um possível método de trabalhar com a ontologia, do porquê de fazer uma escolha que nos levou à percepção espontânea e imediata de que há entes.

A pergunta, desde o ponto de vista metodológico, é aquela que interroga pelo que ganhamos quando chegamos à evidência perceptiva imediata de que há entes. Essa evidência é a mais básica, pois a única coisa que se evidência é que há algo diferente de nada. Com isso, o que ganhamos é a possibilidade de trazer esse algo para uma prancheta de interrogação. Se, imediatamente, há entes no movimento espontâneo e imediato da percepção, então esse está disponível para ser interrogado.

Agora se torna possível fazer as perguntas próprias da ontologia. Outros poderiam fazer outras tantas perguntas, e realmente o fazem, obtêm suas respostas e as publicam. A essa prática chamamos de ciência. E a ciência é fascinante!

Porém existe um conjunto de perguntas que são próprias da ontologia. Se essas questões, hoje, são mais ou menos importantes ou relevantes, é uma discussão que ficará para outro momento. O fato é que temos uma disciplina filosófica, um tratado filosófico, que leva o nome de ontologia e ele tem as suas questões próprias.

Temos um ente à nossa disposição, logo podemos interrogá-lo. A questão agora interroga pelas possíveis perguntas endereçáveis ao ente. Quais seriam as perguntas pertinentes da ontologia que levariam a construir um caminho de aproximação a esse conjunto de categorias ontológicas, que depois voltariam como categorias analíticas, explicativas, reflexivas que informariam nosso olhar sobre entes?

Quais seriam as interrogações destinadas aos entes, cujas respostas conduziriam às categorias, a esses analisadores ontológicos? Uma possível questão a ser levantada poderia ser aquela que interroga pelo "como".

Há entes "como algo dado à percepção". Simplesmente há entes aí, dados a percepção marcada pela espontaneidade, pela imediaticidade e pela contingência. Por contingência, entende-se as condições, também conhecidas como condições dos tempos e dos lugares.

Estamos falando de entes contingentes que estão dados à percepção de um outro ente contingente. Tudo isso dentro de marcadores cronológicos espaciais, dos quais emerge a expressão "segundo as condições dos tempos e dos lugares".

Se esse ente está aí dado à percepção, emerge a possibilidade de uma questão ontológica relacionada à essa primeira evidência de que há algo, de outro modo que nada, presente espontaneamente e de forma imediata à percepção, como impressão originária.

Como esse ente veio a estar aí, dado e presente no acontecer da percepção? Se é da ordem do percebido segundo certas circunstâncias, está marcado pelo tempo e pelo espaço, o que descarta a eternidade, portanto não esteve sempre aí dado.

Pareceria então, não haver sido dado à percepção, nem por geração espontânea ou por algum mecanismo de autorreplicação, por se tratar de algo que não se verifica de imediato na percepção. Sendo assim, o mais provável é que tenha vindo de outro ente como seu princípio, para se encontrar aí, dado e disponível à percepção.

Esse "vir de outro", em latim, é dito pela expressão *ex-essere*, o que permite aceder à categoria de existência, não pelo dicionário, mas analisando a forma como operamos a partir da nossa experiência perceptual imediata.

Chama a atenção que, vir-a-ser de outro, termina incluindo uma dimensão de alteridade na procedência de cada ente. O que, para o ser humano, se constitui em desafio, já que mostra não ser possível vir-a-ser sozinho consigo mesmo — dessa forma, o solipsismo monádico é ontologicamente estéril.

O conviva que chegou depois

Olá, Márcio. Nessa meditação, pareceu-me estar diante de Georg Steiner, à porta da sua casa de tijolos à vista em *Borrow Road, Cambridge*. Esse grande crítico literário escreveu um texto que, quando o li, despertou-me atenção. O seu título é *Lições dos mestres*. Creio que falando de ontologia, você apresenta um instante ontológico e fala também do tema da filiação. Somos o que somos, possuímos uma constituição ontológica, porque outros "aís" nos ajudaram a ser.

Creio que, nessa meditação, você aprofunda um tema, diria eu, curioso, da ontologia: o misterioso verbo ser. Há várias formas de se pensar a dinâmica desse verbo. Do ponto de vista da constituição, ele pode ser transitivo ou intransitivo, sob a ótica da relação, ele pode ser um verbo de ligação, da perspectiva do uso ele pode ser confundido ou substituído pelo verbo estar.

Diante disso, pensar o ser não implica apenas refletir sobre uma posição, como apontara Kant, mas sinalizar os seus usos e jogos. Muito mais do que uma gramática com regras preestabelecidas há também uma semântica dos usos e desusos desse verbo. Que quando nominado, é indicativo de nome e de substância, e quando usado, é indicativo de ação é possui uma verbalidade.

Ao considerar tal realidade se pode perguntar: quais são as demoras ou habitações de um ser que, segundo Heidegger, só pode ser compreendido a partir dos seus modos de ser? E aqui tenho um problema e sou obrigado a concordar com o mau humor de Roger Scruton. Parece que Heidegger ao propor os modos de ser acabou criando um mundo no qual para se constituir o *Dasein*, ou o ente humano que sabe de ser, este necessita ficar mudando de fase e de roupas ontológicas.

Contudo, essa inquietação parece ficar mais interessante quando olhamos para como os povos fazem a experiência de ser. Falo a partir de dois paradigmas que conheço um pouco mais, o centro-europeu e o brasileiro. Fico pensando, por exemplo, como deve ser a experiência de ser de um mexicano ou de um bororo, que são culturas que tem, historicamente, um olhar diferente para o não ser, ou o outro modo que ser da morte. Entretanto, nessas águas, não posso me aventurar sem ser leviano.

Quanto aquilo que se chama de pensamento ocidental, que é um outro nome para o modelo hegemônico europeu há vários indícios que me permitem pensar que a experiência do ser desse espaço simbólico de reflexão, que muito mais que geográfico, como dizia Husserl, aponta para uma visão de mundo, dá-se sob a forma de projeto e de conquista, principalmente quando esse ser se aliou a um forte companheiro chamado ego moderno.

Isso me faz entender o porquê de o pensamento europeu valorizar tanto a história e a sua engrenagem ontológica chamada causa eficiente. Pois das quatro causas possíveis em Aristóteles, a única que praticamente perdurou ativamente até os nossos dias foi a causa eficiente, sob a forma de lógica meios/fins, lógica custo-benefício, lógica menor perda-maior ganho. Por isso, os polos e as dialéticas serem tão atrativos a esse modelo.

Por outro lado, temos o caso do Brasil, que possui uma base mestiça, uma cosmovisão híbrida, que é formada em uma imitação europeia decaída, injustamente nominada de uma nação surgida da mistura de três povos tristes e que, ao mesmo tempo, opera com uma lógica presenteísta, dogmática e que tem encarnada o mito da terra sem males, habitada por homens maus.

É bastante interessante que, do ponto de vista da construção do conhecimento, somos dogmatas positivistas e, do ponto de vista da vida, somos sincréticos, inclusive, na fruição dos nossos modos de ser. Enfim, creio que há uma verbalidade latina, brasileira, do verbo ser que precisa de ser mais bem explorada.

QUARTO DIÁLOGO

DA ESSÊNCIA À PROVETA

O conviva que chegou primeiro

Se me permitem, queria dar esse diálogo o título de quarta tentativa sobre ontologia. Como podem ver, estou ficando óbvio e previsível, são os efeitos de Cronos, o devorador. Gostaria também de fazer uma homenagem a uma outra pessoa. Não levem minhas alucinações a sério porque procuro não me levar a sério, mesmo assim quero homenagear essa pessoa, que embora tenha nos deixado, continua viva nos nossos corações, na nossa memória e nas nossas saudades.

Continua viva naquilo que recebemos dele como nosso princípio em uma modalidade da existência, isto é, o nosso *ex-essere* filosófico. Essa pessoa se chama professor Geraldo Grendene. Ele foi um escoteiro, era um chefe, um mestre escoteiro que andava numa motocicleta horrorosa de feia — imaginem o valor e o peso da redundância, barulhenta e vazando óleo, que deixava a impressão de ter saído de um ferro velho.

E ele vivia feliz em cima daquele animal de aço. O professor Geraldo vivia de uma maneira austera, mas era uma austeridade suave, era algo que o elevava e não o tornava duro nem sisudo, mas o deixava livre para ser com e para outros. Era um profissional de grande competência filosófica, professor de metafísica, teoria do conhecimento e lógica.

O professor Geraldo era de tirar o fôlego. Não era possível perder nenhuma de suas aulas, sob pena de perder o fio da meada de um raciocínio que paulatinamente fazia compreensível as categorias e suas complexas relações sistêmicas. Gostaria de homenageá-lo conversando sobre ontologia.

Até aqui viemos falando de método, na verdade, de uma tentativa de construir um método menos conceitual e menos enciclopédico de trabalhar com as categorias ontológicas. Uma tentativa de introduzir um pouco de movimento, também como forma de responder ao novo perfil dos estudantes, que é de muito movimento. Somos chamados a dar uma resposta a esse desafio, muito embora as nossas respostas serão sempre pequenas.

Na última conversa, queríamos mostrar como é possível chegar de uma certa maneira à categoria de existência. E como desde aí, foi possível fazer ver o emergir da alteridade, o outro de quem se procede como princípio, como parte de uma arquitetura ontológica.

Até aqui foi possível indicar que temos disponível diante de nós um ente, do qual temos uma simples e imediata evidência perceptiva, do qual temos inferido a existência, como o seu *vir-a-ser-de-outro* que si mesmo.

Agora, é possível fazer a pergunta pelo *quis* ou pelo *quid*: o que é ou quem é esse ente que "veio-a-ser" de outro que si mesmo?

Essas são as questões clássicas que rementem ao tema da *quididade* ou ao tema da *quisidade*. O sufixo "idade" imprime movimento, portanto se trata de um *quis* ou *quid* dinâmicos. A dinamicidade é esse "vir-a-ser" o seu respectivo *quis* ou *quid* desde outro, a existência é um movimento, mas ontológico. Nesse sentido, a essência está em movimento na existência movente.

Se perguntar é uma ação intencional triangular, ao estar constituída pela tríade: quem pergunta, pelo que se pergunta, a quem se pergunta. Essa relação guarda uma relação de correlação entre si, então, é possível inferir a essência como aquilo "pelo que se pergunta", quando o ente (a quem se pregunta), na sua existência, é interrogado.

Ou seja, todo ente possui uma essência, todo ente tem algo que lhe é o mais próprio, pelo menos o suficientemente próprio para que a pergunta sobre ele seja possível. Isso operará em outras discussões como princípio de diferenciação e identidade em relação a outros entes, como um marcador ontológico de singularidade que o faz único.

Poder pensar ontologicamente a essência como um marcador da singularidade e da diferença, permite um diálogo mais promissor com as filosofias da diferença que operam no bojo do pensamento filosófico contemporâneo.

É interessante essa possibilidade de pensar em termos de marcadores ontológicos, de diferença e de singularidade, isso permitiria pensar também o movimento ontológico da existência como afirmação de singulares diferenças, como uma relação entre alteridades correlatas: alteridade de alteridades.

Uma correlação que produz uma mútua remissão, em tempos diferentes, de tal forma que, se por um lado, desde o ponto de vista do processo de explicação do ente a essência antecede a existência e, naquilo que diz respeito ao mais próprio de cada ente, a essência também determina a existência, por outro lado, é a existência que realiza a essência como marcador ontológico dessa diferença/identidade no seu detalhamento histórico e territorial cotidiano.

O conviva que chegou depois

Caro Márcio, suas palavras conduziram-me a vários lugares reais e mitológicos dos quais gostaria de refletir nestas mal traçadas linhas. Os badalares destas duas dobradiças ontológicas: a essência e a existência não são apenas curiosas, mas fundamentais.

Eu gostaria de iniciar esse diálogo lembrando de um relato mítico que, ao lhe ler, veio-me em mente fortemente. O relato grego da criação da humanidade. Creio que, por meio dele, conseguirei contribuir com a sua reflexão sobre a essência e existência. Assim o farei de maneira livre, espero que me perdoe por isso.

Muito tempo depois que os titãs criaram o mundo com a sua fúria e grandiosidade; muito tempo depois que os olimpianos, liderados pelo senhor do trovão, empenharam-se na sagrada rusga contra os tiranos senhores, empreendendo aquilo que no conto dos dias ficou gravado sob o título de Titanomaquia, havia paz e harmonia no mundo. A terra era um κόσμος (ordem, organização, beleza e harmonia), daí em português a palavra cosmo e cosmético.

Porém, a paz e a harmonia eternas reservadas aos senhores olímpicos, causaram-lhes tédio e não mais os distraiam. E eis que Zeus, em seu pleno poder e sabedoria, convocou dois irmãos, filhos dos caídos, para realizar a empreita que mudaria o destino do cosmo. Ei-los Prometeu, aquele que antevê, aquele que reflete, e Epimeteu, aquele que age e depois pensa, aquele que age por impulso. Foram eles convidados pelo senhor do Olimpo para que, do barro, desenhassem a vida mortal na terra.

E então, Epimeteu, como o próprio nome já diz, colocou-se logo em ação irrefletida e começou a desenhar os seres mortais a partir de três critérios básicos: 1º um modelo arquetípico para cada ser mortal; 2º um lugar no cosmo; 3º dons naturais.

O primeiro critério definia a lógica interna de funcionamento dos animais, o modelo arquetípico, ou *eidos*, em sentido platônico. Ele apontava para o fundamento essencial de cada um desses mortais. Ele organizava e sinalizava para a sua lógica interna, por exemplo, o leão de ser um predador; o boi de ser uma presa; o beija-flor de se alimentar do néctar, a coruja de carne.

Quanto ao segundo critério, ele estabelece um *topos*, isto é, a região de domínio e habitação dos seres, seja na água, como os peixes, no ar, como as águias, na terra, como os dromedários. Por fim, Epimeteu deu aos seus seres dons naturais, às aves ele deu asas, aos felinos, garras, aos peixes nadadeiras, de maneira tal que eles pudessem viver em conjunto, controlando-se sem se autodestruírem.

Aquele que por impulso age, criou os seres mortais dentro de uma lógica ecossistêmica, criou-lhes uma única casa. E assim os trabalhos contratados pelo senhor do Olimpo foram sendo executados até que, chegada a hora tão esperada da criação do ser humano, Prometeu intervém e toma para si a responsabilidade dessa manufatura.

Porém, ao iniciar o processo de ideação do homem, ele notou que Epitemeu valera-se de todas as reservas disponíveis para a criação dos outros seres. Sem provisionar, ele utilizara todas as formas arquetípicas, todos os lugares e provido a todos os seres com os dons disponíveis.

A SINFONIA DA VIDA: DIÁLOGOS QUE UMA PANDEMIA ESCREVEU

Então Prometeu se viu em uma situação delicada e para solucioná-la recorreu à deusa da sabedoria, Athena, que lhe propôs amalgamar a argila dos mortais com o fogo dos deuses. E, dessa forma, nasceu o ser humano, sem um modelo arquetípico, pois eles podem assumir várias formas, culturas, línguas, visões de mundo; sem um lugar, pois podem habitar a terra, com suas casas, o mar com os seus barcos e os céus com os seus ícaros; sem dons naturais, haja vista a vulnerabilidade do seu nascimento e o tempo que se leva para que um deles possam, de fato, desenvolver a sua autonomia básica.

Goethe, muitos séculos depois, relendo esse mito, escreve um fragmento dramático intitulado *Prometheus* no qual, em um momento de desabafo com Athena, o titã se pergunta pela razão pela qual Zeus teria dado tão dura empresa a ele. Para o que Athena responde: *"Du dienstest, um Freiheit wert zu sein"*, em tradução livre: "você serviu para tornar valiosa a liberdade".

O mito grego, que depois foi abandonado pelo movimento socrático, do qual boa parte da filosofia ocidental descende, parece revelar realidades importantes e intrigantes. A primeira dela já fora apontada por Heidegger quando ele denuncia que há na história do pensamento ocidental pós Platão e Aristóteles uma espécie de história do esquecimento da pergunta pelo ser e uma história do esquecimento do fundamento; a segunda é que a redução platónica da essência do homem a um bípede implume e aristotélica a um animal racional parece ter produzido muito mais dano que avanços.

Talvez tenhamos que fazer como Diógenes de Sínope, que, depenando uma galinha, proclamou em alto e bom tom: "Eis o homem de Platão!". Ou ainda, como Michel de Montaigne que, olhando para o ser humano racional de Aristóteles, propôs um ceticismo humanista bem-humorado afirmando que, se nós, de fato, conhecêssemos a humanidade não nos levaríamos muito a sério.

Mas aqui gostaria de retomar a frase que Goethe coloca na boca de Palas Athena: "você serviu para tornar valiosa a liberdade". Com a criaturas de Prometeu, a liberdade foi levada a um nível diferente da dos deuses, pois para eles, por conta da eternidade, a liberdade nunca tem um preço fatal, que seria a perca da própria possibilidade de ser. Em caminho contrário, para os seres humanos, o fato de ser livre implica a realidade de poder morrer por conta dessa liberdade.

Disso decorre que, essencialmente o ser humano, para ser, precisa construir espaços de não ser, a saber: não ser predeterminado por uma programação comportamental, não ser condicionado a um lugar específico, não ser determinado por dons naturais.

Pensando isso desde a história do Ocidente, podemos ver algumas consequências, no mínimo curiosas, pois, por exemplo, o conceito de indivíduo ou uma teoria do sujeito individual, nascem na Europa do século XII e se concretizam no movimento do renascimento e das navegações quando as pessoas começam a se emancipar do controle das vilas e dos feudos. Elas iniciam o processo de liberação dos mecanismos e instituições de controle ali presentes, tais como as leis que privilegiavam a nobreza, a Igreja como uma instituição total, o regime da vassalagem.

E daí começam a surgir na Europa a ampliação de privilégios antes reservados apenas aqueles que possuíam o direito a mobilidade, isto é, os nobres e o clero. Privilégios como possuir um sobrenome, possuir uma personalidade, ser indivíduo, e, a partir dos séculos XVI, XVII e XVIII, ser um sujeito ativo, como nós o conhecemos hoje.

A liberdade criada pela carência de matéria-prima encontrada por Prometeu faz dela algo valioso, de tal forma, que os deuses lhe condenam por tal ato, pois os homens, ainda que por fugazes momentos, podem gozar daquilo que é apenas reservado aos imortais. Porém, a liberdade prometeica não é aquela que não lembra do seu começo nem do seu fim, tal qual a liberdade dos deuses, mas é aquela que pode desfrutar do presente e se regozijar nele porque sabe que ele acabará.

E essa talvez seja a plenitude da vida dos mortais, o regozijo na falta, do "eterno" que termina. A eternidade que habita um tempo que é luto do homem. Ou, nas palavras de Montaigne: "apenas um clarão no curso infinito de uma noite eterna". Ao considerar isso, é razoável aceitar o dito humorista que afirma: "a vida é uma doença hereditária, sexualmente transmissível e mortal".

Diante disso, parece que a afirmação que você faz: "desde o ponto de vista do processo de explicação do ente a essência antecede a existência e, naquilo que diz respeito ao mais próprio de cada ente a essência também determina a existência", além de fazer todo o sentido, abre possibilidades, não apenas do ponto de vista de uma teoria da diferença, mas também do ponto de vista de um discurso sobre a liberdade.

Entretanto há nessa liberdade prometeica um outro elemento. O amor. Athena, no fragmento de Goethe, é denunciada por Hemes a Zeus por conta de seu amor a Prometeu e as criaturas por ele criadas. Porém que tipo de amor? E aqui novamente sou assombrado por um outro mito grego. O mito de Eros.

Assim descreve Platão, no banquete, o nascimento de Eros: quando nasceu Afrodite, os deuses banquetearam, e entre eles estava Poros (o Ardiloso), filho de Métis. Depois de terem comido, chegou Pênia (a Pobreza) para mendigar, porque tinha sido um grande banquete, e ela estava perto da porta.

Aconteceu que Poros, embriagado de néctar, dado que ainda não havia vinho, entrou nos jardins de Saturno e, pesado como estava, adormeceu. Pênia, então, pela carência em que se encontrava de tudo o que tem Poros e cogitando ter um filho seu, com ele se deitou e dele concebeu Eros. Por isso, Eros se tornou seguidor e ministro de Afrodite, porque foi gerado durante as suas festas natalícias e era por natureza amante da beleza, porque Afrodite também era bela.

A intuição platônica nos revela algo aterrador sobre a experiência humana: o amor erótico é filho da sedução, do ardil e da pobreza. Enfim, é um ser de desejo. Ele se vale de estratagemas para conquistar o objeto amado/desejado porque este lhe falta. Portanto, a partir desses dois mitos, é possível pensar o ser humano não como um bípede implume ou um animal racional, mas como um ser de liberdade, vontade e amor.

E se essa for a essência do homem, quais são as possibilidades existenciais que isso produz? Se partimos da premissa apresentada por você, de que "naquilo que diz respeito ao mais próprio de cada ente a essência também determina a existência", é possível inferir que o ser humano, em seu caminhar pelo mundo, é um ser de busca, um ser de curiosidade, um ser que se move por uma certa falta ou carência.

Mas busca do quê? Que tipo de curiosidade é essa? De preencher o vazio vital e necessário do nada da sua valiosa liberdade, que é catalisado e energizado pela fome da sua falta e pelas estratégias que ele usa para plenificar-se. Uma curiosidade que não quer ser apenas aquela da informação, do conhecimento, ou dos conteúdos, mas que busca viver a experiência do alto da montanha, isto é, a experiência de um contemplativo exercício de si.

Parece que, como conclusão desta reflexão, pode-se dizer que dentro da essência humana habita um δαίμων (espírito) que se chama aporia, isto é, um caminho sem saída, que se expressa no fato que há um profundo vazio, que por um lado, permite ao ser humano ser aquilo que ele optar por ser, dentro das condições dos tempos e dos lugares, pois a sua essência é um projeto e que, por outro lado, que quando assumido pode produzir nele insegurança e carência, pois não há fórmulas, não há receitas, não há um "siga por aqui e será feliz". O que existe é abertura, pobreza, fome que, apesar de querer ser saciada não a pode ser, porque se o fizer deixará de ser humana, almejará ser aquilo que a sua essência não a permite, e, com isso, perderá a sua humanidade. E aqui fazem todo o sentido para mim obras como *O ser e o Nada*, de Sartre, e *Ser e Tempo*, de Heidegger.

Sobre uma essência simbolizada

A afirmação "a essência precede a existência" permite um outro caminho de reflexão que aponta para um fenômeno bem contemporâneo, seja por conta do modelo da sociedade da performance seja por conta das redes sociais. Essa é a beleza da filosofia e da arte: as visões de mundo, ainda que opostas, briguentas e pouco aderentes umas às outras, não se anulam, como na ciência, na qual, usando uma expressão de Kuhn, toda anomalia auspica a ser ciência normal e hegemônica.

De fato, quando olho para a sociedade ocidental, ou para o modelo de sociedade ocidental, pois este não está necessariamente apenas no Ocidente, o que vejo é um idealismo refinado e monetizado sobre a forma de valor. Se Max Scheler vivesse em nossos dias, talvez ele tivesse pensado mais alguns tomos para a sua ética material dos valores.

É interessante que realidades da vida, que antes eram relacionais, começam a serem divulgadas como fins em si mesma. Cito algumas, trabalho, sucesso, performance, propósito, beleza.

Ao abrir as redes sociais encontramos pessoas fantásticas, em lugares sublimes, fazendo coisas dantescas e parece que nos esquecemos que, em muitos e bons casos, o que temos diante de nós não é uma vida exemplar, arquetípica no sentido grego, mas uma vida recortada: só uma foto. Brincando com uma expressão junguiana, se poderia dizer que as redes sociais têm reforçado, e senão construído, elementos de um inconsciente coletivo quase que mítico. O mito da beleza, da resiliência, dos relacionamentos perfeitos. As fotos produzidas e os filtros, exibem um mundo no qual as cores, os brilhos, os lugares, as comidas, as pessoas possuem algo de diferente: são perfeitos. Porque será que os blogs de biquínis, maquiagens, comidas cresceram tanto e com tanta criatividade? O que a enxurrada de *coachs*, mentores, *influencers*, gurus tem a dizer sobre o modelo da sociedade na qual estamos inseridos?

A sociedade ocidental, diria Han, é aquela que abandonou os ritos — não sei se concordo totalmente com ele. Parece-me que ela criou ritos e essências sintéticas que produzem existências cansadas.

Mas cansadas de que? Cansadas de não ser. Não ser a pessoa mais curtida, não ser a mais desejada, não ser aquela que está nos melhores lugares, com as melhores pessoas e fazendo as melhores coisas. Não ser aquela que consegue viver as "10 dicas de sucesso" para você fazer alguma coisa e continuar igual, porém convencido de ser diferente.

Entretanto essa nova essência dos dias hodiernos parece estar gerando muito mais inexistência do que existência. Os efeitos dessa essência artificializada e cirurgicamente recortada da contemporaneidade, parece estar produzindo um *nonsense* sorridente, pleno de propósito e com alta performance. Não estamos mais na época da histeria freudiana, ou do niilismo de Camus, mas, talvez, estejamos vivendo um período no qual a essência assumiu a forma e a dinâmica de um contínuo frenesi. A essência de proveta parece produzir vidas recortadas cuja dinâmica interna é o cansaço, o desgaste e o avatarismo siliconado.

QUINTO DIÁLOGO
SOBRE O ATO E POTÊNCIA

O conviva que chegou primeiro

Olá. Essas são mais algumas tentativas sobre ontologia e gostaria de fazer uma homenagem institucional. Gostaria de homenagear a querida Faculdades Unidas Católicas do Mato Grosso (FUCMT). A escola na qual estudei Filosofia, o lugar no qual exerci pela primeira vez o magistério universitário em Filosofia, como professor de introdução à Filosofia no curso de Pedagogia e, mais tarde, na Psicologia e na Administração e na própria graduação em Filosofia.

Recordo-me até hoje, com viva memória, o meu primeiro dia de aula. Estava tão nervoso que apaguei uma lousa de ponta a ponta, muito embora não houvesse nada escrito nela. E o fiz sem notar, até que uma aluna me interpelou ironicamente sobre o acontecido e pela interpelação, dei-me conta da minha condição e de um entorno de alunos muito atentos.

Essa grande casa de estudos foi uma das primeiras instituições de ensino superior no estado do Mato Grosso e depois no estado no Mato Grosso do Sul. Com o tempo e com méritos, converteu-se em Universidade Católica Dom Bosco (UCDB).

É bom fazer parte desse sonho. Dessa utopia de que o ser humano pode aprender e de que o processo de aprendizagem pode transformar vidas. Acreditar que o ser humano, em processo de aprendizagem pode crescer, amadurecer e chegar ao seu sentido pleno. Creio que essas são as motivações secretas, de fundo, que animam um projeto como esse e motivam investimento de tempo, carinho e dedicação a uma causa como esta: a causa da ciência e da profissão para a afirmação da vida.

Até aqui observamos como a articulação entre essência e existência vão se ramificando e criando possibilidades de interconexões, de tal forma que as categorias que compõem a ontologia parecem se articular de maneira quase que risomática.

Acontece de uma forma tal que as categorias se intercomunicam de maneira inadvertida, se não estivermos atentos poderemos não ver essas conexões. Uma categoria pode se tornar um nó de rede, a partir do qual, podemos reorganizar a compreensão de todo o sistema vendo e fazendo ver diferentes ênfases e matizes.

Dependendo da categoria desde a qual me posiciono, consigo me reposicionar em relação a todo o sistema teórico, o que permite dizer coisas diferentes a partir de onde me situo. Há uma plasticidade propositiva e construtiva dentro desse *corpus teórico* da ontologia.

Há mais dois pares de categorias que estão associadas aos de essência e existência. São as de ato e potência. A primeira, de maneira quase que óbvia, apresenta-se no aí de cada caso. O ato de perceber é um acontecimento dado aí, em ato em cada caso.

A categoria de ato está articulada a da existência. A existência é sempre uma existência em ato. É um vir de outro, estando aí em ato. Em ato na existência, o ente é a realização de seu ser ou essência, se realiza no ato de existir como vir de outro, por isso, pode ser objeto da nossa percepção direta, igualmente em ato.

Porém, o ente não existe apenas em ato no presente de cada caso, ele se dá também como potência, como um vir-a-ser. Por qual razão? Por causa do marcador tempo-espacial, ou se quiserem, da curvatura do contínuo espaço-tempo, provocada pela força gravitacional dessa singularidade ontológica que denominamos de ente, encontrado em cada caso imerso nas condições contingentes dos tempos e lugares.

O tempo e o lugar curvam a existência e o ato, fazendo com que a experiência não possa ser linear, a realização da essência e da potência na existência em ato se constroem por caminhos curvos e retorcidos.

Por força da contingência, o ente não consegue ser, em ato, tudo aquilo que a sua essência lhe permite ser como potência. A contingência não permite aos entes realizar, de maneira plena e total, de uma só vez, a sua essência/potência no ato da existência. A nossa essência vai se realizando na existência de maneira escalonada, um paço de cada de vez, como na subida da montanha, conforme as condições do tempos e lugares.

Por exemplo, para os gregos a essência do ser humano é ser um animal racional. Contudo, ao notarmos a quantidade de vezes que somos irracionais na nossa existência nós nos damos conta de que realizar a nossa essência de animal racional é algo que acontece no tempo e no espaço de uma maneira bem distribuída. Nós não conseguimos ser completa e totalmente racionais de uma só vez em todo o tempo e em todos os lugares, não possuímos está omnipresença ou omnisciência: tempo e espaço nos escapam na ordem do absoluto. Nós somos seres finitos, marcados irrevogavelmente pelas condições dos tempos e dos lugares.

A categoria de ato me permite observar que, ao ser em ato, na contingência, faltam-me perfeições ontológicas que eu poderia ser, o que permite inferir uma reserva de ser em potência, que pode ou não ser atualizada. Isso quer dizer que, desse poder ser ou não realizado, que é próprio da potência, pode ir se formando com o tempo uma dívida ontológica de possibilidades não realizadas.

Dívidas ontológicas, por sua vez, podem ser disparadores de outras débitos, já que ela possui um peso ontológico. Ela pode ser um estressor sutil da existência, cujo efeito acumulativo, pode refletir, por exemplo, na saúde mental. Professor Geraldo Grendene, sobre quem falamos em conversa anterior, insistia em algo que ele chamava de neurose noogênica, que são justamente as neuroses relacionadas com questões ontológicas e cognitivas, mais do que com as estruturas psíquicas no seu sentido mais estrito.

Um outro princípio ontológico relevante afirma que nenhum ente em ato mesclado de potência pode passar da potência ao ato sem a ajuda de outro ente em ato. E aqui temos novamente a figura da alteridade. Não é possível existir em ato sozinho. O solipsismo supõe poder dar-se a si mesmo tudo o que se necessita para ser o que se é em essência e potência, bem como para realizá-lo ou não na existência em ato.

Essa relação essência/potência-existência/ato, mediada pela figura ontológica da alteridade, desmascara a artificialidade lógica do sujeito solipsista e a artificialidade jurídica do indivíduo político. Esse sujeito/indivíduo não possui nenhuma fundação ontológica. Por ser vazio, paira sobre a sua própria formalidade vazia de um postulado de razão.

Por fim, a relação ontológica além de apresentar a alteridade como condição inerente do processo de origem do ente que devem sujeito/indivíduo, apresenta a realidade do investimento e, com isso, abre a ontologia a reflexão sobre o cuidado. É preciso investir e cuidar de realizar na existência aquilo que é o mais próprio como essência, de atualizar as potencialidades em ato na história singular.

É necessário investir nas potências, criando as condições espaciotemporais para que estas se realizem. Porque apenas quando o núcleo próprio da essência se realiza em ato é que a existência poderá alcançar algum nível de plenitude e, consequentemente, algum nível de sentido.

O conviva que chegou depois

Olá, Márcio. Nos embalos da ontologia redescobrimo-nos como histórias! A composição das categorias, de fato, não me parece obedecer a uma lógica de dicionário ou enciclopédia. Há nelas uma racionalidade de rede que funciona quase como uma assembleia na qual as partes, quando isoladas, perdem o seu brilho e a sua potência. Por isso, gosto muito quando você pensa a ontologia de forma interligada e interimplicada.

Pensando nisso vamos refletir sobre essas quatro irmãs: as categorias de essência, existência, ato e potência. Gostaria de pensar um pouco sobre as duas últimas, pois elas me têm chamado a atenção.

A SINFONIA DA VIDA: DIÁLOGOS QUE UMA PANDEMIA ESCREVEU

Somos seres contingentes e vivemos em um mundo de contingências. O que isso significa? Significa e implica que aquilo que logicamente foi desenhado sob a forma de experimentos mentais e, por isso, claro, distintos separados e uniformes, no mundo das contingências pode se dar de maneira misturada, inconclusa e inconstante. Digo isso, porque uma das características da contingência, além da degradação, como bem nos ensina tanto o *princípio da degradação dos seres* como o *princípio da entropia*, é a impureza, que se movimenta sob a forma de um já-ainda-não.

Tal consideração busca sedimentar e evidenciar o cenário fenomenológico a partir do qual o fenômeno do ato e da potência pode irromper. Cenário esse que sofre e produz efeitos caóticos na dinâmica da existência.

Postulado isso, parece-me oportuno pensar as categorias de ato e de potência, bem como de essência e de existência por meio de uma constituição de ordem implicada que busca refletir sobre a essência da manifestação destas dentro de um horizonte que não é estável, mas mutável e contingente. É pena que a ontologia clássica, pelo menos aquela conhecida por mim, seja bastante tímida ao explorar as suas categorias em cenários movediços como aqueles nos quais a vida real joga os seus dados.

Entretanto é possível se perguntar: como o ato e a potência se articulam em contextos contingentes? A primeira resposta talvez seja. Articulam-se dentro de modos de fruição nos quais o ato contém potências e as potências anunciam atos. Estamos aqui falando de potências atuais e de atos potentes. Isso implica que o ato puro e a pura potência não possuem real e contingente existência, mas que apresentam um modo de mostração sensível diferente, que é o da fruição.

Mas o que significa habitar ou se organizar no modo de ser da fruição? Significa que, nos enredos ordinários da experiência sensível a existência, enquanto irrupção do ser no mundo, não possui um porquê, mas se desenrola e significa como questão/resposta em si mesma. A vida possui os seus enredos próprios, poder-se-ia dizer parafraseando Michel Henry.

Isso traz implicações importantes para a ontologia, pois se a atualização do ser se dá por meio do concurso de um outro e se esse outro também necessita de um outrem, aqui nós encontramos a fundamentação da dinâmica mesma da vida comum e do pertencimento, que, em letras latinas, poderia ser expresso sob a forma de *cum-union*, comunhão. E, por isso, atualizar-se é, de certa forma, ser afetado por um outro, recebendo e acolhendo a sua presença.

Contudo creio que é preciso fazer uma outra consideração com relação ao movimento mesmo desse concurso do outro, pois, se a vida possui os seus enredos próprios ela é imanente a si mesma e, por isso, a amarração do concurso do outro deve ser um movimento de pertencimento e não de transcendência. O outro que auxilia o eu no seu processo de atualização não lhe é transcendente, mas imanentemente implicado.

Por sua vez, um outro lado da moeda se desvela, pois, se a contingência se estrutura como o modo do hibridismo, há de existir um modo de ser para tal realidade, modo este que não é nem do ato em si, nem da potência, mas da fruição atualizadora. Mas fruição para onde? Para qual direção ou propósito?

A análise da essência e da existência nos ajudou a compreender que, partindo do mito grego das criaturas de prometeu, a essência humana, é em seu núcleo uma possibilidade, uma abertura original. Tal realidade, quando aproximada ao tema da contingência, faz-me recordar dois temas que se entrecruzam, um oriundo dos estoicos e o outro de Wagner.

Os estoicos ensinaram ao pensamento ocidental que, em suma, filosofar é aprender a morrer. Mas o que isso significa? Significa que a vida é uma grande preparação, um grande exercício que encontra na finitude o seu escopo e a sua meta. A vida não se realiza senão quando deixa de viver, porém isso não implica um fatalismo ou um pessimismo, mas traz consigo a realidade que ela deve ser explorada, experimentada no seu instante promissor. Viver é não sucumbir e por isso ela, como afirma Henry, não tem por que, não possuir uma receita.

Wagner, o grande músico alemão, em sua ópera *Tristão e Isolda*, retrata uma frase enigmática: "ela me interrogou um dia e eis que ainda me fala. Com que destino nasci? Com que destino? A antiga melodia me repete: para desejar e para morrer".

O fatalismo de Wagner talvez possa ser lido por outro viés, a saber: a vida se movimenta, desdobra-se e se descobre em seu movimento mesmo de insistir, de querer permanecer no ser *in-sistere*. Tal leitura nos abre oportunidades que se estruturam na base da experiência do se sentir vivo, base esta que é anterior ao sujeito e ao ego, que são, em relação a ele, construções tardias, mas, por enquanto, vamos ficando por aqui.

SEXTO DIÁLOGO

O QUE PODE SER UMA VIDA BOA PARA OS MORTAIS?

O conviva que chegou depois interpela

O conceito de via boa é, de saída, problemático, pois se trata de um juízo de valor. A vida é boa em relação a que? Para quem? A bondade é da vida ou há um tipo de vida que é boa? Tais perguntas se agravam substancialmente quando pensadas dentro do contexto da vida humana, marcada pela esperança, mas também pela contingência e finitude.

A vida boa pode ser interpretada de várias maneiras, mas, aqui, gostaria de iniciar esta tentativa que não tem nenhuma pretensão resolutiva com uma passagem do livro egípcio dos mortos.

Lá, em determinado capítulo, depois que o morto foi submetido e superou os desafios que os deuses lhe prepararam, ele chega ao grande tribunal de Osíris, onde, sob o olhar vigilante das deidades e demônios, o candidato é inquirido duplamente. Por um lado, ele é interrogado: "encontraste alegria na vida?". Por outro: "proporcionaste alegria aos outros?". Essas são as duas condições para se entrar no jardim de juncos, a terra dos imortais.

Vivemos em uma época em que os motes que cotidianamente nos são apresentados são do tipo: tenha uma vida boa! Cultive uma vida feliz! Seja a sua melhor versão! Hoje não se deseja apenas viver, mas viver bem. Contudo o que isso significa?

Aqui buscarei refletir caminhos de possibilidade que foram sendo dados ao longo de uma tradição de pensamento, a saber: a ocidental.

A contribuição grega

O conjunto de conhecimentos antigos que foram gestados na região geográfica que vai desde os arquipélagos helênicos até o oriente-médio tangenciando ao norte da África e o sul da península itálica e que, em geral, costuma-se chamar de maneira quase que inadvertida de pensamento grego, legou-nos muitas coisas, dentre as quais uma em particular, a consideração de que, apesar de sermos mortais podemos ousar pensar e desejar uma vida boa.

De maneira particular gostaria de refletir sobre elementos mitológicos que, posteriormente, foram sendo decantados e artificializados sob a forma de um pensamento proposicional, como aquele encontrado, por exemplo, em Aristóteles.

Se olharmos a construção da cosmologia grega é possível notar que a palavra de ordem, desde os mitos primordiais expressos por autores como Hesíodo é a ideia de harmonia, κόσμος em grego. Essa harmonia pode ser notada desde a vitória dos deuses olímpicos sobre os deuses primordiais na Titanomaquia, passando por Homero e a relação entre *perca da harmonia* de Ulisses e a *retomada dela*, anos depois com a chegada em Ítaca.

Ou ainda expressa na tragédia grega por meio da ideia de Hybris, ὕβρις, entendida como desmedida, descomedimento. Tais categorias estão presentes em Aristóteles, por exemplo, em sua ética eudamônica e também sob a forma de um conhecimento médico em autores como Hipócrates e Galeno. Ou seja, parece existir uma constante dentro desse pensamento.

E, nesse momento, recordo-me de Heródoto dizendo: "a divindade tende a abater todo o que descola em demasia", isto é, os deuses tendem a punir na vida todos aqueles que não seguem o princípio do Παν μέτρον άριστον, tudo com moderação.

Portanto o primeiro princípio que a tradição grega nos ensina para a resposta à pergunta "o que pode ser uma vida boa para os mortais?" é: uma vida boa para eles é uma na qual não há falta e não há sobra, mas equilíbrio e moderação. Essa ideia é expressa também sob formas simbólicas, tais como o círculo e a circunferência em geometria. Pois a esfera, o círculo e a circunferência por não terem lados, por não permitirem e precisarem de arestas expressam-se como formas da divindade. A harmonia do mundo é o que constitui a sua νοῦς, a sua razão intrínseca.

Um segundo elemento que os gregos nos oportunizam ao pensar sobre a contingência e a nossa condição humana dentro desse contexto é a ideia que uma vida boa para os mortais é uma vida que não é dominada pelo medo, φόβος, que curiosamente é filho de Ares, senhor da guerra e Afrodite, deusa do amor e que acompanha o pai em cada rusga e campo de batalha.

Os mitos gregos, em particular as epopeias, são contos de homens e de mulheres que, por superarem e lutarem contra os seus medos se tornaram parecidos com os deuses, isto é, heróis. Esses são os motivos dos trabalhos de Hércules, dos desafios de Telêmaco, da coragem de Leônidas na batalha das Termópilas e de Antígona frente ao rei de corinto. Superar o medo, não o negar, eis o segundo ideal grego que pode conduzir os mortais a uma vida boa.

Por fim, mas não menos importante, a busca do presente, de viver aí, do agora como possibilidade, como oportunidade, em grego, καιρός a que, no século V a. c. Íon de Quios dedicou um hino de quem hoje só temos a notícia. Kairos, ou o tempo presente-oportuno, é o filho mais jovem de Zeus, talvez seja por isso que, em geral, aprendemos a valorizar o tempo e o presente na medida em que os nossos tempos e os nossos presentes passam. Na retórica, ele é expresso com a seguinte sentença: "o momento fugaz em que uma oportunidade/abertura se apresenta e deve ser encarada com força e destreza para que o sucesso seja alcançado".

De Kairós, o mais curioso é a forma: um jovem, lépido, geralmente despido e com apenas um fecho de cabelo sobre a cabeça, remetendo a ideia de que a oportunidade, o tempo presente-oportuno se não for agarrado pelos cabelos, pelo topete, passa veloz. *Tempus fugit*, já diziam os latinos. Essa ideia é bastante cara à filosofia de tempos difíceis tais como os estoicos e os epicuristas. Essa ideia também está bastante presente em movimentos contemporâneos como os que pregam o *mindfullness*.

Viver em harmonia com a lei do cosmo, não ter medo e viver o presente como oportunidade: essa é a sabedoria que os gregos nos dão em herança para responder à pergunta que interroga sobre o que pode ser uma vida boa para os mortais?

A contribuição cristã

Por sua vez, uma outra matriz de pensamento nascida no oriente médio e muito influenciada pelas tradições de pensamento dessa região também imprimiu a sua marca na forma ocidental de ver o mundo. O cristianismo, muito mais do que uma religião, constitui-se no ocidente como uma *mens*, uma forma de olhar o mundo.

E qual é a resposta cristã para essa pergunta? O cristianismo, enquanto pensamento e cultura, introduz três elementos importantes: o primeiro está no evento da encarnação do verbo; o segundo no conceito de eternidade e o terceiro no conceito de ressurreição.

Vamos ao primeiro ponto: a encarnação do verbo descrita de maneira bastante filosófica no evangelho de João: o evento da encarnação começa com a instauração de uma morada: "εν τω κοσμω ην και ο κοσμος δι αυτου εγενετο" (João 1,10). O verbo estava no mundo e o mundo foi feito por Ele, isso significa que além de ser a origem, o verbo, fez do mundo, κοσμος, em grego, a sua casa. Porém tal passagem, apesar de anunciar, não revela a totalidade da dramática da encarnação apresentada pelos versículos sucessivos: "και ο λογος σαρξ εγενετο και εσκηνωσεν εν ημιν" (João 1,14). O verbo se fez carne (comida) e habitou (armou a sua tenda) entre nós.

A encarnação que o cristianismo anuncia produz um descompasso na forma como a divindade era vista. Ao considerarmos as mitologias, é possível notar que exemplos de deuses visitando os mortais são comuns, porém uma divindade se tornando mortal é uma novidade aterradora, a tal ponto que a própria ideia de religião muda.

A SINFONIA DA VIDA: DIÁLOGOS QUE UMA PANDEMIA ESCREVEU

Mas se transforma em que sentido? Ora, se um dos sentidos mais usados de religião se apoia na ideia latina de *religio*, religar, ela é um ato de criar uma conexão entre o ser humano com a sua divindade. Contudo o que acontece quando a divindade se humaniza? A religião deixa de ser um ato transcendente, renuncia à sua verticalidade e adquire uma horizontalidade. O evento de Cristo como Deus encarnado leva a religião para a interioridade do homem, fazendo com que a sua ligação mais íntima seja consigo mesma, plantando, com isso, a base para o antropocentrismo e para as teses de Lutero que nascerão séculos depois.

Como consequência da horizontalização da religião decorre um segundo movimento que se apoia sobre um novo olhar para a eternidade. Para os gregos a eternidade é sempre eternidade dos deuses, do mundo, das coisas. O evento da encarnação, da personificação e humanização do verbo anuncia um novo tipo de eternidade, uma de âmbito pessoal, na qual não há a mistura com a divindade ou com o mundo, mas que há um espaço que permanece identitário, que é o lócus daquilo que belamente a filosofia escolástica medieval nominou de ressureição de coração, que diz que renasceremos no amor, isto é, quando mais amor nos foi possível viver. O cristianismo, de certa forma, privatiza a eternidade.

Portanto o cristianismo amplia o conceito kairológico grego afirmando que o presente dos mortais não é apenas o momento presente, mas o *aí integrativo do amor*. O cristianismo introduz no conceito de presente a ideia de dilatação. A eternidade é a dilatação do presente vivido do amor. E daí vem a ideia de ressureição como esse viver novamente no presente do amor.

Contudo o que essas ideias ajudam a responder à pergunta inicial: o que pode ser uma vida boa para os mortais? A primeira ideia que o cristianismo introduz é a de uma eternidade pessoal e que começa agora. O evento da encarnação traz para a contingência a eternidade, ainda que depois, por influência de teologia paulina e pelo fato de o cristianismo se estabelecer como religião oficial do império, essa ideia vá, aos poucos, sendo substituída pela categoria de esperança nos bens futuros. Portanto, a vida boa para um mortal, dentro dessa perspectiva, é criar o reino dos céus, criar esse espaço de eternidade no amor no aqui e agora da vida.

Um outro elemento é que, diferente do mundo grego no qual a moderação o, Παν μέτρον, era o critério, no caso do cristianismo o amor como αγάπη assume essa posição. Ao olharmos a primeira carta de Paulo aos coríntios podemos ver os atributos desse amor: "η αγαπη μακροθυμει χρηστευεται η αγαπη ου ζηλοι η αγαπη ου περπερευεται ου φυσιουται" (1cor. 13, 4). Ele padece, é benigno, não inveja, não é leviano nem soberbo. O amor cristão é aquele que estabelecer relação, estrutura-se, parafraseando um conceito habermasiano, dentro de um agir comunicativo.

Tais conceitos de uma pessoalidade e de uma dilatação da eternidade sob a forma de amor vão produzir na Europa medieval fenômenos interessantes do ponto de vista dos desdobramentos, tais como o catarismo e, principalmente, a partir do século XI o surgimento de um novo tipo de ser humano desvinculado dos laços senhoris, isto é, o indivíduo.

Do renascimento à modernidade — o humanismo

Os movimentos culturais que foram sendo gestados no cenário ocidental desde o século XI até o século XIX produziram uma transformação importante na tentativa de resposta à pergunta sobre a vida boa para os mortais, para os contingentes.

É sempre perigoso desejar aglutinar tantos séculos e contextos dentro de uma linearidade e essa não é nossa pretensão. O que se pretende é apontar cenários que contribuem com o diálogo e com a reflexão.

Os séculos humanistas, sejam eles sob a forma do primeiro humanismo do renascimento, seja sob a forma do segundo humanismo moderno possui algumas características marcantes. Uma delas e talvez a principal, é a ideia de liberdade.

Diferentemente da visão antiga na qual o objetivo da vida boa era colocar o ser humano em harmonia com a lei do cosmos, ou ainda, a visão cristã para quem o escopo da vida boa era conduzir o ser humano a fazer a experiência de um aí de si dilatado e vivido na vida divina como amor. O humanismo surge como uma proposta de reconciliação do ser humano com os demais. A harmonia aqui é a da convivência ou do acordo social. Não é por nada que esse é o período de movimentos como o contratualismo, do desenvolvimento das ciências empíricas, do apogeu da razão como o maior dos atributos humanos, do surgimento dos estados constitucionais e constituídos de direito.

Dentro dessa lógica, uma vida boa para os seres humanos contingentes e mortais é a vida que busca construir um estado de harmonia entre os pares, entre os seres humanos. Estado este baseado no uso da razão, da ciência e do direito. Pensando isso, podem-se entender modelos como o estado positivo de Augusto Comte.

Contudo os séculos XVIII e XIX trazem uma tônica interessante para esse processo de harmonização com os outros. Essa tônica curiosa é a da suspeita, da dúvida com relação à razão, à sociedade e à si mesmo. Freud, Nietzsche e Marx são as figuras emblemáticas desse período, porém todo o movimento romântico — principalmente aquele alicerçado sobre a lógica do *Sturm und Drang*, tempestade e fúria — parecem apontar para isso.

Portanto, diferentemente do primeiro humanismo no qual o escopo da vida boa era a harmonia entre os seres humanos no mundo, aqui esse objetivo se torna mais interior e intimista. Ele se traduz como um processo de reconciliação consigo mesmo, seja sob o ponto de vista de se conhecer para não se alienar ou ser alienado pela sociedade (Marx), conhecer-se para não ser vítima dos próprios caminhos e da própria história (Freud), conhecer-se para poder ser, de fato, livre (Nietzsche).

A essa altura me vem forte a texto da Lied WoO 117, de Beethoven, intitulado *"Der Freie Mann"* (o homem livre). O texto diz:

Wer, wer ist ein freier Mann? (Quem, quem é um homem livre?)
Der, dem nur eigner Wille, (Aquele sobre quem apenas a sua vontade)
und kein Zwingherrn Grille (e não o capricho do déspota)
Gesetze geben kann, (pode impor leis)
der ist ein freier Mann! (Este é um homem livre!)

Wer, wer ist ein freier Mann? (Quem, quem é um homem livre?)
Der in sich selbst verschlossen, (Aquele que, fiel a si mesmo)
Der feilen Gunst der Grossen (Diante de favores oferecidos pelos grandes)
Und Kleinen trotzen kann (e pequenos, consegue resistir)
der ist ein freier Mann! (Este é um homem livre!)

Wer, wer ist ein freier Mann? (Quem, quem é um homem livre?)
Der, muss er Gut und Leben (Aquele que, se a sua riqueza e vida)
Gleich für die Freiheit geben (tiver de renunciar por sua liberdade)
Doch nichts verlieren kann; (Nada perderá)
der ist ein freier Mann! (Este é o homem livre!)

Frente a isso, é possível se perguntar: o que é uma vida boa para os mortais? Uma vida capaz de ser dele. Ao considerar tal realidade ganha força um princípio resgatado e aperfeiçoado por Jung. O *principium individuationis* que não objetiva buscar diferenciar-se e se separar ou singularizar dos demais, mas busca se encontrar em profundidade, encontrar o próprio ser, o "de suyo" anunciado por Zubiri.

Ao considerar tal realidade parece-me que podemos chegar aos nossos dias, dias nos quais as instituições totais do primeiro e segundo humanismo já não exercem tanta força como outrora, dias nos quais a vida boa para os mortais parece estar alicerçada ainda na harmonia, mas não mais com o cosmo, como no caso grego, ou com o amor, no caso cristão, ou ainda, com os demais e consigo mesmo no caso do humanismo moderno.

A harmonia contemporânea parece estar atrelada a uma vinculação consigo mesmo e com aqueles que amamos. Não se ama mais a ideia de pátria, de nação, de estado, de instituições totais e, por razão disso, não se morre mais por essas ideias. Parece que, por um lado, estamos vivendo um humanismo do amor e da felicidade, e por isso, um humanismo da instabilidade e da fruição. Um humanismo líquido, se quisermos usar uma expressão de Bauman.

Humanismo este que se conecta e cria redes afetivas, que são instáveis se vistas desde uma perspectiva de longo prazo, mas que potencializam o presente se observadas desde o momento da sua manifestação ou constituição. É possível pensar que estamos vivendo tempos dionisíacos nos quais a qualidade e intensidade da fruição dão a tônica harmônica da experiência de mundo.

O conviva que chegou primeiro

Você propõe uma apertada síntese de provocações tomando como base as notas sustenidas de uma sinfonia de mais de dois mil anos de narrativas e sistemas teóricos que tentaram construir o corno mágico da felicidade sem fim: vida boa para uns, beatitude para outros, para dizer algo.

Toda a sua escrita está ancorada na pergunta que interroga pela vida feliz ou vida boa, mas que ao fim e ao cabo, continua sendo uma pergunta. A propósito disso, o que é uma pergunta?

De saída, parece que uma pergunta se assemelha a algo sobre o qual ainda é possível inquirir. Se a pergunta é uma abertura, interrogar uma questão é o manter-se aberto dessa abertura: significa existir.

Uma pergunta é uma estrutura ontológica, ainda que a ontologia seja mínima. Uma estrutura constituída por três elementos: quem? O que? A quem?

Quem interroga pela vida boa? De novo interrogando uma questão! A existência como abertura é insistente como um *conatus essendi*. É notável que a pergunta pela vida boa seja possível e ocorra, segundo sua percepção, de forma recorrente na história.

Mas quem mesmo interroga pela vida boa? Parece que são sempre os mesmos, em diferentes tempos, lugares, línguas e textos. Esses, a quem chamamos de mesmos, são muitos e diferentes, mas ao mesmo tempo são um só e todos iguais. Historicamente em tempos diferentes, cada diferença impostou sua interrogação conforme suas condições, mas no fim, todos são ontologicamente iguais: capazes de vida, de modalização e de pergunta.

Não bastaria ser vida, no substantivo, sem mais? Quem pergunta pela modalidade anseia pelo adjetivo que matiza o substantivo e confere forma ao conteúdo. Não se vive só de vida, mas também de suas formas, talvez porque a vida só nos seja acessível por meio das formas e modos de vida: *forma vitae*, diziam os latinos de antanho.

O que se pergunta nessa interrogação que escrutina a vida e o seu ser-boa? Perguntar por uma vida boa já é uma afirmação da vida que eleva a discussão para altura dos modos de vida. Em que consiste esse ser-boa como modo de vida? Em cada caso, haveria que perguntar pela vida e suas condições, para assim saber que tão boa está sendo. Mas as condições como fenomenalidades de toda vida possível se encontram, em cada caso, em alguma medida presentes ou ausentes em cada vida. As condições, presentes ou não, são uma nota ontológica da vida boa.

Vida boa é um ideal, que pode ou não operar como um dispositivo regulador da percepção, da compreensão e da condução da vida própria de cada caso. Mas o que está idealizado nessa ideia? Se vamos pelos mínimos, idealizaria a vida pelo cumprimento de suas condições mais básicas, aquelas sem as quais a vida capitularia. Enrique Dussel chama a atenção para essas condições usando três categorias: produção, reprodução e desenvolvimento.

A vida se produz na medida em que ela é um construto biológico e culturalmente feito. Pelo concurso dos muitos elementos e acontecimentos que lhe são constitutivos, a vida emerge e se complexifica, atravessando a porosidade do tempo e do espaço, se ramifica em muitas direções. Por mais que se possa apontar, de uma ou de outra forma, a origem da vida, ela será sempre experimentada, em cada caso, como uma ebulição que parece não ter princípio nem fim, mas só meio.

A vida se reproduz na medida que desenvolve a capacidade de permanecer, de durar de algum modo. O professor Feliz Zavattaro, que já foi mencionado em conversa anterior, conhecedor da cosmovisão da nação Bororo, contava que esses indígenas, em tempos imemoráveis, tiveram que escolher seu patrono. Entre a pedra e a taquara, escolheram a última, pois ela sempre renasce em seus rebentos.

A vida se desenvolve na medida em que transcende a sua própria medida originária, quando, por exemplo, converte-se em modos de vida e cultura e quando os bens culturais passam a fazer parte dos estágios necessários de desenvolvimento da própria vida. Aqui se entende a razão pela qual não basta estar vivo ou, dito de outro modo, para viver é necessário mais do que estar e manter-se vivo.

Não há vida sem mais, só há vida com muito mais. Esse muito mais são todas as formas de vida construídas e destruídas ao longo e ao largo dos séculos, cuja história e esquecimento, às vezes nos são conhecidos e nos ajudam ou atrapalham a vivermos a vida da forma como buscamos fazer, em cada caso, cada dia de novo.

A vida boa, como *forma vitae*, invoca as condições necessárias sem quais a vida não se tornaria possível, nem como conteúdo e nem como forma.

SÉTIMO DIÁLOGO

SOBRE O CUIDADO

O conviva que chegou depois, interpela

Cuidar é, em seu fundamento, uma ocupação. Contudo o que significa tomar como fundamento do cuidado a sua dinâmica ocupacional? Em primeiro lugar parece-nos, seguindo a sugestão heideggeriana, que, em seu fundamento, cuidar é um dos modos de ser inerentes ao mundo da prática e, portanto, uma atividade da *phronesis*.

Aristóteles (2005), em sua ética, diferenciava entre dois tipos de conhecimentos. Os do mundo da prática, da *phronesis* e os do mundo das ideias ou teoréticos. Aqueles relacionados ao mundo da prática se ocupam dos costumes e dos valores, constituindo-se assim como o horizonte da ética e da axiologia.

Por sua vez, aqueles conhecimentos teoréticos versariam sobre o fundamento da realidade e sobre as suas leis. Ao se pensar o cuidado como pertencente ao horizonte da *phronesis* é possível notar que essa peculiaridade produz em si uma dinâmica inerente que se apoia no fato de que cuidar sempre implica uma ação intencional, ainda que não racional ou deliberada.

Intencional no sentido husserliano de direcionamento que se volta para a realidade (HUSSERL, 2004), ou ainda, como condição mesma de toda a estrutura perceptiva (MERLEAU-PONTY, 2016), oportunizando-nos reflexionar sobre a estrutura perceptiva do cuidado.

O primado da percepção e as suas implicações com o cuidado

Ao se tratar de cuidado e, principalmente, do cuidado com uma forma de ocupação em primeiro lugar, o que devemos considerar é a estrutura perceptiva que permite cuidar. Isto é, a realidade que sustenta a presente reflexão se apoia no fato de que só cuidamos porque percebemos e notamo-nos necessitados de cuidados.

Para tanto, é mister retornar a Merleau-Ponty no que toca ao primado da percepção e às suas consequências filosóficas. A percepção como estrutura constituinte que abre o ser humano ao horizonte do mundo e de si é, do ponto de vista fenomenológico, a estrutura básica que permite a percepção do cuidado, ainda que, do ponto de vista da constituição ou da essência da manifestação, valendo-se de uma expressão henriana, possa-se dizer que a vida é a possibilidade de todo o cuidado.

A percepção enquanto estrutura primaz possui uma intencionalidade que se apoia no fato de que ela possui um "algo" e também um "como" da percepção. Pensando tal realidade do ponto de vista do cuidado se pode notar que o "algo" ou a "matéria" do cuidado pode ser, a própria vida do indivíduo, o outro, o meio, o grupo. Por sua vez, o "como" do cuidado aponta para as modalidades que a vida e as pessoas vão desenvolvendo para cuidar.

O objeto da percepção somado com o "como" ou "canal da percepção" elucidam-nos a forma a partir da qual o cuidado pode ser pensando em sua dimensão de atividade, ou *phronesis*. A saber: o cuidado abre o ser humano à experiência do mundo de modo imanente. Diferentemente da atividade racional que tende a produzir um movimento de eks-tasis em relação ao real e por isso, acaba lhe sendo um artifício de transcendência, o cuidado para que possa se concretizar como atividade necessita de manter a sua condição de imanência. O cuidado se estrutura no enlace com o mundo da vida, vivendo.

Ao considerar tal realidade se pode pensar o cuidado dentro de sua dimensão de valor e de exercício. O cuidado, valendo-se de Max Scheler (1916), poderia ser identificado como uma coisa de

A SINFONIA DA VIDA: DIÁLOGOS QUE UMA PANDEMIA ESCREVEU

valor, mas também possui um valor no fato mesmo da sua *dadidade*, ou da sua *coisidade*.

Entretanto o valor só o é enquanto referencialidade e atividade. Há nele um predicado atributivo de *index*, no sentido pierceano, pois diferentemente das realidades eidéticas, ou teoréticas, o valor se dá no movimento de constituição da ação do ser humano no mundo da vida, e, por isso, valor, é sempre, intencionalmente, valor de algo ou em relação algo.

Disso resulta que cuidar, enquanto ocupação, é uma disposição. Mas uma disposição em relação a que? Ora, se for uma disposição em relação a si mesmo, pode-se incorrer em uma *petitio principii*.

De maneira diretamente proporcional, se for uma disposição em relação a um outro e, portanto, exterior, pode-se incorrer em uma *Ek-stasis* ou ainda, em uma ditadura do outro e um processo de alienação da subjetividade. Alienação aqui entendida no sentido de *alienus*, isto é, pertencente a um outro.

Destarte, há de se considerar que o cuidado para manter a sua condição de movimento ocupacional não pode, necessariamente, estar encurralado dentro de uma dinâmica de polarização do eu e do outro. Portanto é preciso pensar uma via do meio, uma ordem implicada.

Talvez, a própria palavra implicação colabore com esse caminho, pois *implicare* significa, etimologicamente, estar dobrado por dentro. À vista disso, pode-se perguntar qual é o "dentro", no qual, o cuidado, ou o sujeito que exerce a sua existência nesse modo de ser, está contido.

Se o cuidado é uma relação intencional ele, no movimento de cuidar, acaba produzindo uma interação com o mundo circundante, ou, em outras palavras, acaba constituindo um mundo da vida e um presente vivo, produzindo, dessa forma, um espaço intersubjetivo, no qual, a implicação, o estar contido de maneira intencional, é fundamento e ocupa a precedência em relação à ação mesma do cuidar.

Assim sendo, pode-se perceber que a modalidade ocupacional do cuidado e a sua operação no mundo da *phronesis*, do saber prático, e do *áxion*, do saber de valor, parece possuir uma peculiaridade que é a de existir enquanto entretenimento.

A modalização que o cuidado desenvolve para se manter em seu fundamento não é apenas da ordem da interação ou ambiência, nem da implicação intencional, mas da ordem do entretenimento. Não obstante é mister aprofundar o que se compreende quando se vale dessa categoria que hoje é comumente associada ao mundo da comunicação de massa.

Entreter-se é fundamentalmente exercitar-se. É uma ocupação que, ainda que inserida em um mundo circundante, tem como foco o sujeito que ali está. Algumas línguas latinas, como o francês, assinalam de maneira bastante interessante para essa realidade. O verbo *Entretier* tem como um dos seus sentidos clássicos: exercitar-se.

Apesar disso, é preciso considerar o seguinte: com o avanço dos meios de comunicação em massa, entreter-se deixou de significar exercitar-se e passou a assumir o sentido de quase um "ocupar-se com algo ou com alguém de maneira divertida", passou a assumir as vestes de um "passa tempo".

Entretemo-nos com a tecnologia, com as séries, com as notícias, com as pessoas, com os ambientes e, com isso, vamos passando o tempo das nossas vidas e buscando amortizar ou, deixar de lado aquilo que nos causa dessabor, tédio ou incômodo. De certa forma, e de maneira bastante eficiente, as formas e a indústria do entretenimento funcionam como meios para anestesiar ou criar espaços de fantasias dentro das nossas existências.

Porém o que é que os "novos normais" espaços pandêmicos tem nos oferecido enquanto ambiente para a reflexão e para o exercício do cuidado? Em geral, a primeira realidade que se pode observar é que os espaço de entretenimento, no sentido de distração e diversão, foram reduzidos drasticamente e, por consequência, isso tem forçado as pessoas em regime de distanciamento social a, existencialmente, exporem-se a um outro tipo de realidade. A saber: a realidade da imanência de si.

Disso decorre que a lógica do cuidado de si, tema este tão caro aos estoicos, não no sentido de cuidado hedônico, mas no sentido de cultivo, ganha um novo ar e uma nova tônica. Cuidar sob a forma de entreter-se acaba sendo uma oportunidade para ressignificar os hábitos e entender as modalizações e fruições da vida.

Ao observamos as fases da pandemia da Covid-19 no Brasil, podem-se notar alguns traços curiosos. O primeiro foi marcado pela novidade do home-office, do distanciamento, da vida do lar. Isso, sobremaneira, para aquela parcela da população que pôde fazê-lo, pois, em muitos casos e para muitas pessoas, a recomendação do distanciamento significou na verdade um amontoamento.

Essa foram as características da primeira faze: intensidade, euforia. Um estado de excitação coletiva exemplificada pelos panelaços, aplausos, *lives*, postagem e um refinado e bem brasileiro humor.

Essa fase passou em muitos sentidos e o que temos notado é que agora um outro traço ou momento começa a se consolidar. Este marcado não mais pela excitação, mas pela preocupação, nostalgia, ausência, angústia e tédio. A vida restrita ao ambiente da casa começa a ficar claustrofóbica, as relações ficam menos tolerantes e o "à flor da pele" começa a ser mais frequente.

As imagens de momentos vividos começam a ser mais recorrentes e a pergunta pelo: "quando vamos retomar as nossas vidas?", "quando isso tudo vai passar?" são investidas de um peso cada vez maior.

Tomando isso em consideração, pode-se indagar: o que nos resta pensar e viver? Ou então que tipo de modalização da ocupação precisamos investir para continuar cuidando? Talvez uma oportuna resposta seja. É preciso entreter-se com a própria vida sem as comuns alienações ou distrações. Cuidar, nesse caso, apresenta a sua face sob a forma de *entreter-se* e sobre a forma de *cultivar-se*.

Tomando essa perspectiva se podem notar alguns pontos importantes. Por exemplo, que o se entreter e o se cultivar podem ser traduzidos sob a forma de hábito e modalizações de vida. Hábito aqui entendido não apenas como rotina, mas no sentido henriano da forma como a vida encontrou para estabelecer rotinas e continuar vivendo.

Falando de hábito um texto que pode nos introduzir ao tema é o "o poder do hábito" de Duhigg. Fundamentalmente ele nos propõe que 60% das nossas decisões diárias, são, de fato, decisões os restantes 40% seriam hábitos. Por isso, entender e entreter-se com os nossos hábitos pode ser um fator bastante importante para pensarmos sobre como estamos vivendo e cuidado nesse período de pandemia.

Duhigg (2012) afirma que, fundamentalmente, o hábito pode ser composto de três elementos fundamentais: *uma deixa*; *uma rotina* e *uma recompensa*. Tal tríade constituiria o *loop* do hábito.

A deixa se caracteriza por um gatinho, que pode ser também referente a um local, a um sentimento, a uma pessoa, a um fato. Ela ativa e impulsiona o hábito. *A rotina*, por sua vez, se estrutura pela resposta tradicional que damos quando estamos diante de determinada deixa, é o modo como comumente agimos ou pensamos. *A recompensa* é o resultado que quanto mais prazeroso, mas reforçado será, e, por consequência. Mais força exercerá sobre a pessoa e mais se estruturará como uma prática habitual.

Iniciamos a quarentena com hábitos que eram alheios a ela, por exemplo, encontrar as pessoas, sair, abraçar, não precisar usar EPIs. Tudo isso mudou por um contexto que independe da nossa vontade. Ao considerar isso podemos perguntar: o que está nas nossas mãos e que é possível fazer?

Redescobrir e ressignificar a vida que nos é possível. Mudar e testar novas rotinas para suprir antigas recompensas, por exemplo: se sentir bem, útil, ativo, feliz.

Iniciamos esta reflexão com a seguinte premissa: cuidado, em seu fundamento, é uma ocupação. Após observarmos as variações possíveis e implicadas nessa pequena sentença foi-nos possível notar que, em primeiro lugar cuidar, muito mais do que um modo de ser, é um modo da práxis e, por isso, orbita e se instala no horizonte da *phronesis* e do *axiôn*, além de possuir uma intencionalidade.

Por apresentar uma intencionalidade intrínseca o cuidado possui uma modalização que toca o horizonte da experiência do mundo da vida como mundo circundante e como presente vivo e por isso, imanente e, usando uma expressão de Henry (1998), encarnado.

A pandemia, como uma nova modalização do mundo da vida que, por força, fez com que também a experiência habitual das pessoas fosse modalizada tem oferecido oportunidades importantes para se repensar o cuidado e a experiência de si sob a forma de entretenimento e de cultivo.

O conviva que chegou primeiro

O cuidado é a joia da coroa, muito embora, nesse caso, a coroa seja aquela que láurea a sabedoria, conhecida por Emmanuel Lévinas como *Sophos-Philia*, sabedoria do amor.

Mas o ponto de partida do tema do cuidado não está na sabedoria do amor, aí encontramos o ponto de chegada, para dizer algo. De onde partir para assuntar o tema do cuidado?

Na leitura de algum texto, encontrei que a antropóloga Margareth Mead haveria dito, talvez em aula, que o sinal mais antigo que pode ser considerado indicativo de civilização humana é um fêmur cicatrizado há mais de 15.000 anos. Chocante!

Salvo melhor juízo, nesse caso, parece-me ser possível entender a civilização como um modo de vida que a convivência seria orientada por uma cultura em que um olha pelo outro, ou, pelos menos, alguns olham pelos outros, o tempo suficiente para que se criem as condições necessárias para a cicatrização de um osso da importância de um fêmur, do qual dependeria a sustentação e, talvez, uma série de movimentos corporais voltados para a proteção e conservação, que entendo hoje como modos de afirmação da vida.

Interessante apontar que essa regulação pela cultura é muito anterior às afirmações de Thomas Hobbes de que a civilização só poderia ser alcançada pela imposição de leis restritivas por parte de um legislador despoticamente iluminado. Pareceria ser, então, que o estado de natureza não era só violência desmedida que quebrava ossos e atentava contra a vida, mas também cultura da ocupação de uns, ainda que sejam só alguns, pelos outros, que permitiria a cura dos ossos quebrados, tornando a vida possível por mais um tempo e que poderia ser um indicativo do que hoje denominamos sofisticadamente de cuidado.

Do anterior excurso desejo recuperar essa ideia "de uns pelos outros, ainda que só alguns" como uma cultura com capacidade de performar práticas de afirmação da vida cotidiana, ao menos na sua expressão mais animal: lamber as feridas uns dos outros.

Se esse é o caso, o cuidado emerge na cultura como modalidade de relação, o cuidado emerge no *inter*, no entre dois ou mais, principalmente naqueles casos em que o instintivo autocuidado não é suficiente para se curar lambendo-se as próprias férias, sendo necessário criar condições mais complexas para a proteção e a afirmação da vida.

Fazendo uma dobra no contínuo-curvo do espaço-tempo e, com isso, dando um salto do arcano e imemorável osso cicatrizado à modernidade e seus sucedâneos, vemo-nos na possibilidade de fazer uma reflexão, de algum modo fenomenológica, sobre essa "entre-dade" do que até aqui, de passagem, chamamos de cuidado.

Gosto da ideia de que uma das bondades da reflexão, de algum modo fenomenológica, é a possibilidade de interrogar pelas condições de um determinado fenômeno.

Se tomamos o cuidado como uma possibilidade que emerge no espaço ético de proteção e afirmação da vida que denominamos *inter*, então, o que é esse *inter* segundo suas condições?

O *inter*, se não é um tensor, com certeza é tensionado, alberga uma tensão, que em tempos idos imemoráveis, poderia conter enredos de vida-morte, como costuma acontecer hoje no surrealismo da vida cotidiana de muitas pessoas.

Fica advertido, então, que as questões modernas e contemporâneas da intersubjetividade não podem ser tomadas de forma ingenuamente romântica, como se fosse uma questão desde sempre pacificadas. A paz perpétua entre os humanos é só um sonho chamado pesadelo das guerras justificadas.

Se a intersubjetividade se apresenta historicamente como um desfile de tensões, variando em altos e baixos, mas cobrando sempre os seus respectivos preços subjetivos, muitos deles nos limites da vida e da morte, parece adequado interrogar pelas subjetividades que contracenam nesse palco que pode variar de tenso a ensandecido, dependendo das ondas de recrudescimento.

A tradição moderna sempre tratou do tema da subjetividade (sujeito, indivíduo etc.) pela via da constituição, como um elemento preposto como necessário para dar ao modelo teórico seu último toque de perfeição lógico-funcional: um postulado constitutivo de razão.

Esse tipo de subjetividade tem seus alcances e limites, destes últimos destaco a sua incapacidade de ir além de si mesmo como horizonte possível de abertura para a conformação do espaço intersubjetivo. O solipsismo monádico reduz o espaço-tempo *inter*, aqui tomando a forma de espaço público, em uma experiência espaço temporal do outro como variação especular de um si mesmo. Nesse modelo, especular cada outro não é mais que um análogo de cada si mesmo, isto é, não há alteridades, só sujeitos e indivíduos, com isso não é possível falar de *inter* e nem de olhar uns pelos outros, pois não há outros.

Para o sujeito/indivíduo invocado por um algoritmo logicamente estabilizado ou por uma razão produtora de sistemas a prova de contradições, não é necessário mais que o cuidado de si como o polimento de suas próprias insígnias formais. Muito provavelmente esse seja o modelo que funda os regimes já denominados pela ética contemporânea de totalidades e pela política de totalitarismos.

Talvez essas credenciais, decantadas na forma totalitária do poder político e institucional, ajudem-nos a compreender os recorrentes achados, da moderna arqueologia forense, de quantidade considerável de fêmures fraturados, escondidos nas valas comuns dos distintos regimes políticos modernos e contemporâneos, vítimas anunciadas das fatalidades do poder e privados de qualquer cuidado, inclusive o fúnebre.

O sujeito lógico é incapaz de cuidado, mas é capaz de constituir sistemas de afirmação da morte sobre a vida: deixar morrer e fazer morrer. É aqui que o extremo da ilustração se encontra com as sombras da barbárie.

No entanto, é necessário advertir que a modalidade lógica do sujeito advém de uma aprendizagem. Ninguém nasce sujeito ou objeto, muito menos lógico ou empírico. O projeto pedagógico da modernidade colocou em marcha um movimento que institui esse modo de ser como modelo que paulatinamente foi decantando e performando a vida, a cultura e as intuições.

Se a medida mesma do ser humano que cuida não é o *ego cogito* e nem aquilo que se individuou do estado simbiótico com a natureza, então, que medida seria essa?

No bojo do pensamento contemporâneo, encontramos a ética levinasiana, chamada comumente de ética da alteridade pela centralidade do tema do outro nas suas discussões. Sem dúvida alguma a alteridade tem sua importância, já que seu papel é deslocar o eixo do sujeito como dobra sobre si mesmo para dar passagem a um horizonte que vem ao encontro como resistência a toda projeção analógica: alteridade e exterioridade.

Essa resistência interpela aquele que está convencido e acostumado a ser sujeito de si mesmo sobre outros. Essa interpelação abre uma greta no sistema, põe em dúvida a doutrina do espasmo egótico e se constitui em chamado crítico a reaprendizagem, em dois movimentos: por um lado, desaprender a colocar as versões sobre si mesmo como eixo que circunscreve todos os movimentos da existência como um monadismo estático e, por outro, descentrar o eixo da existência para a interpelação da alteridade de cada caso, fazendo da *ex-perior* uma abertura ao nomadismo do que lhe vem ao encontro.

Imagino que a isso Lévinas (1982, 1995, 2010) tenha chamado de substituição e de sensibilidade como não indiferença. Mas fica a dica de que a sensibilidade é um tensor ético e não uma emoção ou afeto, operar com esse tensor requer também de uma aprendizagem.

Nesse sentido, a ética da sensibilidade e da não indiferença, como afirmação da vida de outros pelo cuidado, é uma tarefa formativa, que desafia pessoas, coletivos e instituições e que, por último, também cria tensões.

OITAVO DIÁLOGO
A MORADA PANDÊMICA

O conviva que chegou primeiro

As estratégias sanitárias de enfrentamento da Pandemia da Covid-19, que contingenciaram a vida de pessoas e famílias, devolveram nossos corpos ao regime da morada. Parece que nunca moramos tanto e tão intensamente em um tão curto espaço de tempo.

A morada, nesse caso e em um primeiro momento, pode ser tomada como o espaço de guarnecimento contra o ataque de um inimigo agressivo e, em muitos casos, mortal. Dessa *ex-perior* emerge, talvez, a forma mais comum de compreender a morada, bem própria de nossa reconhecida animalidade: guarida, refúgio, proteção.

Mas a morada tende a se complexificar na experiência humana, ganhando na cultura o matiz de doméstico e a tarefa de domesticar, isto é, constituir o próprio de cada casa, constituindo-a como núcleo emblemático e identitário.

Espaço de familiaridade e de intimidade, na morada a identidade e o vínculo de pertença se tecem na mesma trama, não poucas vezes conflitiva.

Identidade e vínculo remetem ao difícil tema da lealdade, que uma vez foi enunciado como honrar pai e mãe, isto é, ser leal ao *domus* de origem. Em algumas culturas, recitar genealogicamente os nomes dos antepassados até a sétima geração era requisito para afirmar a identidade pela pertença e para atestar caráter e honra.

Eis que se realiza o idealismo platônico, no qual o ser de um ente está irrevogavelmente atado pela *koinonia* e pela *parousia* com o modelo idealizado de origem ao qual pertence.

Mas a morada também é o lado de dentro, a interioridade fechada e sistêmica, que ao comportar um grau maior ou menor de confinamento, impõe um regime de convivência cujo acirramento comprime e, às vezes, sufoca.

A pressão reclama uma linha de fuga, ainda que fugaz. Por essa razão a morada tem porta, que não é só de entrada para o refúgio, a proteção e a pertença, mas também porta de saída, uma brecha por onde se escapa da pressão sistêmica da forja das identidades no cultivo da pertença.

A porta guarda a gradação da pertença e da lealdade na conformação da identidade, um tensor para fora que equilibra forças com a tradição doméstica ao descortinar novos observáveis que se abrem a partir de um pórtico e que permite ir ao encontro daquilo que vem ao encontro desde outras moradas.

A porta como tensor entre o dentro e fora abre a morada a um mundo de muitas moradas, com isso anuncia uma exterioridade à morada, revelando que o pórtico de entrada guarda uma potência de saída, encontros e desencontros. A porta se torna o tenso manter-se aberto da morada ao que lhe vem ao encontro como moradas outras.

As moradas outras produzem uma segunda tensão na interioridade, confundem a identidade e contrabalançam a lealdade. O mundo como muitas moradas retencionadas, pertenças e lealdades contrabalançadas, começa a ganhar as feições de um espaço de liberdades negociadas.

O mundo como publicidade negociada se torna espaço público, espaço de alteridades, em que as diferenças se ressaltam e não poucas vezes se ressentem e se agridem, mas em todos os casos, ressentidos, agredidos e agressores, mascarados de anjos ou demônios, por mais que se esforcem, não conseguem mais do que continuar a se debater nas diferenças.

O acirramento da convivência no estreito espaço físico da morada produzido pelo confinamento, levou à emergência das identidades sem máscaras. O aumento do fogo do cadinho provocou a queda da máscara e o núcleo doméstico se viu ao descoberto.

No apertar do tensor do confinamento a verdade emerge como um estremecimento, não necessariamente negativo, da pertença e da identidade.

O reencontro recrudescido no confinamento tomou a forma da confrontação, na voz ativa e passiva, confrontar e ser confrontado. A convivência acirrada consigo mesmo e com outros fez ver o que só aparece nos instantes concentrados e apertados da experiência, a saber: que a existência como abertura à emergência da verdade é dolorida e que pela dor, a verdade em alguns casos liberta e em outros enlouquece.

O conviva que chegou depois

Um dos exercícios mais emblemáticos que o período de pandemia nos proporcionou foi o da restrição do convívio social. Principalmente nos primeiros meses, movidos por recomendações e pelo frenesi característico de todo momento epocal as pessoas foram, aos poucos, e ao seu modo, refugiando-se em suas casas, quatros e reduzindo o convívio no espaço comum das cidades.

A pandemia impôs o distanciamento como regra, mas o que isso tem a nos ensinar do ponto de vista de uma reflexão filosófica? Várias coisas e de vários modos. Entretanto aqui nos deteremos apenas sobre a reflexão a partir da ideia de morada e suas implicações no processo de reflexão e construção do si.

Para isso nos valeremos de duas experiências existenciais vividas por filósofos em tempos de pandemia ou de tribulação social. Estas serão a de Descartes e de Montaigne.

Entretanto, antes de aprofundarmos a reflexão à luz da experiência desses dois pensadores, é importante refletir um pouco mais demoradamente sobre o significado da morada. E, para tanto nos voltaremos sobre palavras congêneres que, a seu modo, iluminam a realidade por nós atravessada em período de pandemia. As palavras são: habitar, morar e casa.

Iniciemos pela última. Casa é a palavra latina utilizada para expressar um lugar simples, uma habitação pobre e frágil. A casa muito mais do que o lugar da segurança era para os latinos o lugar do desassossego, o lugar que, embora protegesse também precisava ser protegido e cuidado pela sua fragilidade frente as intempéries. Ela, diferentemente da *domus*, a casa sólida e estruturada, era o lugar da inquietude, o espaço ainda não dominado ou domesticado.

Dessa realidade, parece derivar uma situação interessante, a saber: a casa como lugar do cuidado e lugar que clama por cuidados. A casa é o lugar da moradia, isto é, o espaço a partir do qual se faz uma morada. Contudo o que significa morar? Significa exercer no espaço o valor simbólico do tempo. A moradia não é apenas uma construção é um espaço de cultivo. E por isso é um espaço de construção. Edifica-se uma casa para se habitar em uma morada-lar.

Por fim, habitar, da mesma raiz de hábito e de habitat, que como afirma Michel de Montaigne "são a vitória do tempo sobre a vontade". Mas o que significa habitar?

Heidegger levanta uma intuição importante sobre esse tema. Em um texto intitulado *Bauen, Wohnen, Denken*, isto é, *construir, habitar, pensar*. Lá ele desenvolve a seguinte intuição: "o homem é a medida em que habita" e que o traço fundamental do habitar é o resguardo entendido como: "permanecer pacificado na liberdade de um pertencimento".

Aqui é possível observar uma expressão importante, a ideia de pertencimento. Pertencer a algo ou a algum lugar aponta para um vínculo fundamental de comprometimento. O resguardo heideggeriano sinaliza uma realidade existencial importante: somos porque nos vinculamos. Habitar é se vincular com um espaço em um determinado tempo. E, portanto, toda habitação é fundadora de uma paisagem.

Isso é interessante porque a ideia de paisagem não é muito utilizada dentro de uma reflexão filosófica. Dentro desse campo do saber se fala muito de espaço, de mundo, de lugar e pouco de paisagem. Contudo cremos ser importante explorar esse conceito que encontra o seu nascimento na Europa renascentista ligado a ideia de Pays, isto é, campanha, vilarejo, interior.

Sauer (1998) define paisagem como uma união entre qualidades físicas de uma área que são significantes para o homem e nas formas como ele a utiliza. Tal conceito já introduz uma demarcação importante, paisagem é uma relação dentro de um território. Um outro conceito que pode nos ajudar a entender melhor a ideia de paisagem é o termo alemão *Landschaft,* isto é, uma área habitada com todas as suas características geográficas, simbólicas e morfológicas e que, por assim ser, constituiu uma cena de ordem estética, entendida aqui no sentido mais original de *aesthesis.* Portanto a paisagem que a habitação constitui aponta para um espaço circunscrito e permeado de sentido e significa seja ela espacial ou simbólico.

Após considerar essa dimensão da paisagem e da habitação como espaço simbólico de interação, é possível pensar a experiência de "distanciamento social" de Descarte e de Montaigne.

Montaigne, filósofo francês do período do renascimento, escreveu em seus ensaios algumas intuições interessantes. Ele, aos 38 anos, na vigília do seu aniversário, já cansado da vida de corte e dos cargos públicos se retirou no seio do seu castelo onde, com calma e segurança, passou os anos que lhe restaram a viver esperando que o destino lhe concedesse levar a termo essa obra iniciada. Ele fez isso depois de assistir ao caminhar daquele mundo imerso em guerras de religião que assolavam dramaticamente a França de sua época.

Montaigne era um promissor homem público à época, tinha sido prefeito de Bordeaux, era um nobre, conselheiro do rei da França e havia chegado a importantes postos para a sua idade. Nessa época, a região de Bordeaux foi assolada pela peste assomada às inúmeras guerras de religião.

Porém, um dia tomou a decisão de se retirar em casa para aproveitar em paz o pouco de vida que lhe restava, deixando o seu espírito, no mais completo ócio, conversar consigo mesmo e descasar em si mesmo. De forma particular, na biblioteca, na qual ele passou a maior parte da sua vida e a maior parte do seu dia.

O espaço da pandemia foi para muitos a retomada do lar como espaço de cultivo. Lugar caótico, desconhecido, por vezes até abandonado e empoeirado pelo badalar dos dias. A casa, como lugar da habitação e, portanto, lugar do cultivo, parece ter sido revisitada, a fórceps, nos dias pandêmicos. E, talvez, esse fato possa justificar a quantidade de reformas e o crescimento do mercado da construção civil e dos vendedores de cadeiras nesse período.

Contudo uma coisa é importante de se revisitar. A casa que por uma tendência do pensamento moderno vinha ganhando os adjetivos de "funcional", "urbana", imitando modelos como o da indústria ou do comércio parece que, quando revisitada após o contingenciamento pandêmico clama por uma nova simbólica do espaço. A simbólica do lar, para além da linha de produção.

E aqui nós vemos um outro exemplo de espaço simbólico de cultivo de si, o espaço criado por Descartes no inverno de 1619, na atual Alemanha, durante a guerra dos 30 anos. Diferentemente do espaço de Montaigne, aberto, ventilado e pleno de estímulos, o espaço cartesiano se caracterizou por algo simples, ascético, focado e, se ele vivesse em nossos dias se poderia afirmar, quase minimalista.

Em Montaigne a casa, a habitação, é como uma corte privada na qual os entretenimentos pessoais são também fruto de uma interação com o ambiente. No caso de Descartes o quartel cartesiano se assemelha muito mais a uma cela monástica, simples, despojada e que convida a visita íntima, a descoberta do castelo interior, valendo-nos de uma expressão de Tereza de Ávila.

Pensando esses dois espaços confinados de gramáticas de si, no qual os dois pensadores, por vontade própria e por força de um contexto colocaram-se em isolamento voltemos nosso olhar para os nossos espaços de reserva, espaços esses que foram feitos não como convite, mas como uma restrição por conta da pandemia.

Ela, a pandemia, forçou-nos a redescobrimos as nossas casas e a nos revisitarmos como casa. Nela as paredes que hora abrigam da chuva e do sol foram transformadas em espaços de cultivo, de amontoamento, ou ainda em prisões. Para alguns a palavra "regime domiciliar" nunca fez tanto sentido encarnatório.

Contudo o que a pandemia nos lega é uma reflexão sobre o espaço da habitação, os espaços que estamos construindo para e conosco mesmos. A pandemia nos motivou a revisitar os nossos lares interiores e a redescobrir neles os nossos cômodos à moda de Montaigne, de Descartes ou ainda, de Sartre expressos em sua peça: "entre quatro paredes", na qual, os personagens pela dureza da vida comum acabam descobrindo e afirmando que "o inferno são os outros".

NOTAS DE UM PORVIR

As considerações finais não são possíveis para diálogos. Eles não possuem fim, mas pausas. Os oito diálogos, inicialmente vídeo-gravados e agora expressos e decodificados sob a forma de palavra escrita dentro deste ensaio, quiseram expressar esta ideia: os "contos inacabados", parafraseando o título de uma obra de Tolkien, costurados neste texto, apontam para a realidade da vida que continua insistindo em viver e não sucumbir dentro de cenários instáveis, como os experienciados em 2020-2021, anos da pandemia da Covid-19 e, talvez, o começo simbólico do século XXI. Não que os outros não o fossem.

Cada palavra e cada diálogo aqui presentes não carregaram a pretensão de doutrina, de certeza ou de verdade. Há muito mais vida para além das fronteiras do bem o do mal, do ser e do não ser, do puro e do impuro, da saúde e da doença, como anunciaram, em certa medida os mestres da suspeita.

Por isso, caro conviva, as considerações finais que estabelecem uma pausa nesses diálogos querem convidá-los para dar continuidade, na sua experiência de vida a esse caminho de interlocução, cujo objetivo é dar mais sabor e sentido a essa vida que cotidianamente nos diz: *que não sucumbamos...*

Se a filosofia é uma amizade com o saber, dialogar é o núcleo dessa relação, que não quer ser prescritiva, dominadora ou intolerante. O caminho aqui empreendido aponta para uma busca na qual os convivas se comprometem existencialmente com o pensamento, fazendo dele algo encarnado. Os diálogos aqui transcritos não foram apenas escritos em língua vernácula, mas tecido na metamorfose da vida dos autores. Cada diálogo é um estágio da vida e não apenas um experimento mental. E assim como na vida, as palavras aqui expressas, querem ser caleidoscópios das multidões que nos atravessam, compõem-nos e nos fazem chegar até este momento.

Se somos anões que puderam ver pelo motivo de estarem de pé sob ombros de gigantes, é porque, um dia, de alguma forma, estes nos permitiram e nos ofereceram, de maneira generosa e gratuita, os ombros sobre os quais os nossos pés se apoiam.

O último desejo deste texto é que o que estava pronto volte a ser obra, continue habitando o espaço do diálogo, permaneça fluindo nas linhas e nas vidas de todos aqueles que com ele entrarem com contato.

REFERÊNCIAS

ARISTÓTELES. **Ética a Nicômaco**. São Paulo: Martin Claret, 2015.

ARISTÓTELES. **Metafísica**. Madrid: Gredos, 1998.

CODA, P. **Dalla trinità:** l'avvento di Dio tra storia e profezia. Roma: Città Nuova, 2011.

DAMASCENO, G. **La fede ortodoxa**. Roma: Città Nuova, 1998.

DUHIGG, C. **O poder do hábito**. São Paulo: Objetiva, 2012.

HENRY, M. **Incarnation**: Une 2004philosophie de la chair. Paris: Seuil, 1998.

HUSSERL, E. **Idées directrices pour une phénoménologie et une philosophie phenomenologique pures.** Livre Second. Paris: PUF, 2004.

LÉVINAS, E. **Altérité et Transcendance**. Paris: Fata Morgana, 1995.

LÉVINAS, E. **Éthique et Infini**. Paris: Fayard, 1982.

LÉVINAS, E. **Totalité et Infini:** Essai sur L'exteriorité. Kluwer Academic, 2010.

MERLEAU-PONTY, M. **Phénoménologie de la Pérception**. Paris: Gallimard, 2016.

SAUER, C. O. A morfologia da paisagem. *In:* CORRÊA, R. L.; ROSENDAHL, Z. (org.). **Paisagem, tempo e cultura**. Rio de Janeiro: Eduerj, 1998. p. 12-74.

SCHELER, M. **Der Formalismus in der Ethik und die Materiale Wertethik**. [*S. l.*]: Max Niemeyer, 1916.

TOLKIEN, J. R. R. **O hobbit, or there and Back Again**. London: Graphia, 2002.